아가야,
우리 아홉 달
후에 만나

Préparation à la naissance 9 mois avec Dieu by Éline Landon
© Artège Éditions, Perpignan, juin 2013
11 rue du Bastion Saint François - 66000 Perpignan
www.editionsartege.fr
Korean translation copyright © 2019 by Catholic Publishing House

아가야,
우리 아홉 달 후에 만나

2019년 1월 9일 교회 인가
2019년 5월 15일 초판 1쇄 펴냄

지은이 · 엘린 랑동 | **옮긴이** · 이순희
펴낸이 · 염수정 | **펴낸곳** · 가톨릭출판사 | **편집 겸 인쇄인** · 김대영
편집 · 강서윤, 김유진, 정주화 | **디자인** · 강해인 | **기획 · 홍보 마케팅** · 임찬양, 장제민, 안효진

본사 · 서울특별시 중구 중림로 27
지사 · 경기도 고양시 일산동구 노첨길 65
등록 · 1958. 1. 16. 제2-314호
전자우편 · edit@catholicbook.kr
전화 · 1544-1886(대)/ (02)6365-1888(물류지원국)
지로번호 · 3000997

ISBN 978-89-321-1603-7 03230

값 15,000원

가톨릭출판사 인터넷쇼핑몰 http://www.catholicbook.kr
직영 매장: 명동대성당 (02)776-3601, (070)8865-1886/ FAX (02)776-3602
　　　　　 가톨릭회관 (02)777-2521, (070)8810-1886/ FAX (02)6499-1906
　　　　　 서초동성당 (02)313-1886/ FAX (02)585-5883
　　　　　 서울성모병원 (02)534-1886/ FAX (02)392-9252
　　　　　 절두산순교성지 (02)3141-1886/ FAX (02)335-0213
　　　　　 부천성모병원 (032)343-1886
　　　　　 은평성모병원 (02)363-9119
　　　　　 미주지사 (323)734-3383/ FAX (323)734-3380

가톨릭의 모든 도서와 성물을 '가톨릭출판사 인터넷쇼핑몰'에서 만나 보실 수 있습니다.

성경 · 전례문 © 한국천주교중앙협의회

이 도서의 국립중앙도서관 출판예정도서목록(CIP)은 서지정보유통지원시스템 홈페이지(http://seoji.nl.go.kr)와
국가자료공동목록시스템(http://www.nl.go.kr/kolisnet)에서 이용하실 수 있습니다.(CIP제어번호: CIP2019012022)

이 책의 한국어판 저작권은 (재)천주교서울대교구 가톨릭출판사에 있습니다.
저작권법에 의해 한국 내에서 보호를 받는 저작물이므로 무단 전재 및 무단 복제를 금합니다.

아가야, 우리 아홉 달 후에 만나

하느님 말씀과
함께하는
영적 태교 노트

엘린 랑동 지음 | 이순희 옮김

가톨릭출판사

머리말
아기가 태어날 때까지 말씀을 묵상하겠습니다

    나는 첫 아이의 출산을 기다리면서, 준비해야 할 것이 너무 많다는 생각에 무척 걱정이 되었다. 처음부터 출산에 필요한 정보를 제대로 아는 사람은 별로 없을 것이다. 그래서 우리는 여러 고민을 하게 된다.

    개인 병원에서 아기를 낳을 것인지, 종합 병원에서 낳을 것인지, 임산부 요가를 해 볼 것인지, 수영을 해 볼 것인지, 어떤 음식을 먹을 것인지, 어떤 영양제를 선택할 것인지, 산후 조리원을 이용할 것인지, 그렇다면 어떤 산후 조리원을 이용할 것인지, 출산 때 남편을 적극적으로 참여시킬 것인지, 다른 사람들은 잘 모르는 새로운 방법을 찾아볼 것인지 등, 고민은 끊이질 않는다. 이런 방법들은 아기가 순조롭게 태어나고, 엄마가 출산의 고통을 잘 이겨 내는 데 도움이 된다. 단, 새로운 생명을 맞이하는 데는 이것만으로 부족하다. 우리 아이를 영적으로 환대한다는 면에서는 뭔가 더 필요하다.

여성은 태에 생명을 받아들이는 순간부터 하느님께서 계획하신 창조 사업에 동참하게 된다. 새로운 존재가 태어나는 것은 거룩한 신비이며, 이 신비를 잘 받아들이기 위해서는 성경 말씀을 묵상하고, 기쁜 마음으로 기도드려야 한다.

나는 셋째 아이를 임신했을 때 어머니들을 위한 영적 자료들을 모으기 시작했고 그 결과물들은 조금씩 쌓여 갔다. 이 책은 이렇게 쌓인 결과물을 여러분과 나누기 위해 쓴 것이다. 여러분은 각 장마다 아기의 잉태부터 탄생에 관련된 특별한 주제를 만날 것이다. 그리고 성경과 그에 덧붙인 이야기와 해설을 읽으며, 묵상하고 기도하게 될 것이다. 그러니 이 책은 천천히 여러 달에 걸쳐 읽는 것이 좋다. 단숨에 읽을 필요가 없다. 우리 안에서 일어나는 신비를 만들어 가는 시간을 충분히 가져 보는 것이다.

우선 성경을 조용히 읽고 기도할 수 있는 시간을 정하자. 한 달 동안 하나의 주제를 묵상하며 더 깊이 들어가 보는 것이다. 기도하는 환경도 중요하다. 편안하고 고요한 곳에 앉아 초에 불을 밝히고 "주님, 제가 주님 앞에 머물러 있습니다."라고 기도를 드려 주님의 현존 안에 머무른다. 이 모든 방법은 사실 출발에 불과하다. 우리 스스로 자신의 기도가 우러나오도록 성령의 인도를 받아야 한다.

이 책은 아기를 품은 어머니가 읽을 것이다. 물론 아버지가 함께 읽어도 좋다. 아버지는 아기의 탄생을 기다리며 자신의 고유한 묵상과 기도를 할 수 있다. 특히 '아홉 번째 달 — 아기를 환대함'에는 아기를 위해 드리는 아버지의 기도가 실려 있다.

출산은 여성을 명예로운 계보 속으로 안내한다. 그들은 더 이상 마지막 자녀가 아니다. 어머니가 되어 기쁨과 상처를 안고 있는 '모든 어머니의 계보'에 등록된다. 어쩌면 우리 감성은 임신을 통해 극에 달할지도 모른다. 감정은 더 예민해지고, 더 열리게 될 것이다. 그러므로 이 새로운 계보에 우리 자리를 확보해야 하며, 그 일을 위해 시간을 내야 한다.

이 책을 읽으면서 우리 안에 곧 잉태될, 아니 이미 잉태된 생명을 환대하도록 준비시켜 주십사 하고 주님께 간절히 청하여 보자.

머리말 _ 아기가 태어날 때까지 말씀을 묵상하겠습니다 _ 5

아기를 열망함
하느님께서 청을 들어주실 것이오 _ 15
우리에게 맡겨질 너를 기다리며

아기를 잉태함
결합하여, 둘이 한 몸이 된다 _ 29
육체와 마음의 결합을 축복으로 받아들일 때

첫 번째 달 – 수태 고지
두려워하지 마라, 마리아야 _ 43
우리를 사로잡는 모든 혼란과 기쁨

두 번째 달 – 하느님의 창조
저는 당신이 남몰래 엮으신 생명입니다 _ 57
하나씩 밀려오는 수만 가지 두려움

세 번째 달 – 나의 눈에 값지고 소중한 너
나는 너를 잊지 않는다 _ 71
내가 너를…… 사랑할 수 있을까?

차례

네 번째 달 - 어린이와 예수님

85 _ 누구든지 이 어린이처럼 자신을 낮추는 이

너를 왕처럼 극진히 대하라는 말씀

다섯 번째 달 - 방문

99 _ 태 안에서 아기가 즐거워 뛰놀았습니다

내가 너에게 무엇을 느끼게 하는 거지?

여섯 번째 달 - 아기의 이름 짓기

113 _ '그의 이름은 요한'이라고 썼다

성령의 빛을 받아 너의 이름을 짓다

일곱 번째 달 - 풍랑이 가라앉음

127 _ 왜 겁을 내느냐? 이 믿음이 약한 자들아!

너를 만나기 위해 '풍랑'을 맞이할 준비

여덟 번째 달 - 탄생

141 _ 마리아는 해산 날이 되어, 첫아들을 낳았다

너를 위해 무엇을 준비해야 할까?

아홉 번째 달 - 아기를 환대함
아이를 낳게 하는 내가 나오지 못하게 막겠느냐? _ 157
아가야, 엄마는 너를 지킬 수 있단다

아기의 탄생 - 아기 예수님을 성전에서 봉헌함
아기가 튼튼해지고 지혜는 충만해졌으며 _ 173
찬미와 축복의 기도로 너를 받아들이며

말씀의 선포 - 여성과 어머니의 역할
말씀을 간직하고 수호하는 마음으로 _ 187
매일매일 너에게 들려줄게

아기를 낳은 뒤, 나를 위해 꼭 해야 할 10가지 _ 194

가정을 위한 기도

마리아와 요셉에게 순종하시며
가정생활을 거룩하게 하신 예수님,
저희 가정을 거룩하게 하시고
저희가 성가정을 본받아
주님의 뜻을 따라 살게 하소서.
가정생활의 자랑이며 모범이신 성모 마리아와 성 요셉,
저희 집안을 위하여 빌어 주시어
모든 가족이 건강하고 행복하게 하시며
언제나 주님을 섬기고 이웃을 사랑하며 살다가
주님의 은총으로 영원한 천상 가정에 들게 하소서.
아멘.

묵상글

우리는 매일 성공을 맛봅니다.
직장의 업무든 개인적인 일이든 성공을 거듭니다.
고객의 불만을 원활하게 처리했을 수도 있고,
어려운 자수를 완성했을 수도 있습니다.
이 모든 것이 일상 속의 작은 성공입니다.
이러한 성공을 진심으로 기뻐하고 자신에게 상을 주세요.
바라는 바에만 집중되는 마음을 쫓아 버리고,
희망이 곧 이루어진다는 생각에 빠져들 수 있을 것입니다.

하느님께서 청을 들어주실 것이오

– 우리에게 맡겨질 너를 기다리며

    이런 일이 해마다 되풀이되었다. 주님의 집에 올라갈 때마다 프닌나가 이렇게 한나의 화를 돋우면, 한나는 울기만 하고 아무것도 먹지 않았다. 남편 엘카나가 한나에게 말하였다. "한나, 왜 울기만 하오? 왜 먹지도 않고 그렇게 슬퍼만 하오? 당신에게는 내가 아들 열보다 더 낫지 않소?"

    실로에서 음식을 먹고 마신 뒤에 한나가 일어섰다. 그때 엘리 사제는 주님의 성전 문설주 곁에 있는 의자에 앉아 있었다. 한나는 마음이 쓰라려 흐느껴 울면서 주님께 기도하였다. 그는 서원하며 이렇게 말하였다. "만군의 주님, 이 여종의 가련한 모습을 눈여겨보시고 저를 기억하신다면, 그리하여 당신 여종을 잊지 않으시고 당신 여종에게 아들 하나만 허락해 주신다면, 그 아이를 한평생 주님께 바치고 그 아이의 머리에 면도칼을 대지 않겠습니다."

한나가 주님 앞에서 오래도록 기도하고 있는 동안에 엘리는 그의 입을 지켜보고 있었다. 한나는 속으로 빌고 있었으므로, 입술만 움직일 뿐 소리가 들리지 않았다. 그래서 엘리는 그를 술 취한 여자로 생각하고 그를 나무라며, "언제까지 이렇게 술에 취해 있을 참이오? 술 좀 깨시오!" 하고 말하였다.

그러자 한나가 이렇게 대답하였다. "아닙니다, 나리! 포도주나 독주를 마신 것이 아닙니다. 저는 마음이 무거워 주님 앞에서 제 마음을 털어놓고 있었을 따름입니다. 그러니 당신 여종을 좋지 않은 여자로 여기지 말아 주십시오. 저는 너무 괴롭고 분해서 이제껏 하소연하고 있었을 뿐입니다." 그러자 엘리가 "안심하고 돌아가시오. 이스라엘의 하느님께서 당신이 드린 청을 들어주실 것이오." 하고 대답하였다.

한나는 "나리께서 당신 여종을 너그럽게 보아주시기 바랍니다." 하고는 그길로 가서 음식을 먹었다. 그의 얼굴이 더 이상 전과 같이 어둡지 않았다.

(1사무 1,7-18)

한나는 늙도록 아이를 갖지 못해 해마다 성전에 찾아가 주님께 간청했다. 그녀는 아이를 갖고 싶은 바람과 이를 이루지 못한 수치심으로 무척 괴로웠다. 그래서 '마음이 무거웠으며', '마음이 쓰라렸으며', '흐느껴 울었으며', '슬펐다'.

남편은 절망하는 한나에게 "당신에게는 내가 아들 열보다 더 낫지 않소?"라고 말한다. 남편 역시 한나의 행복을 바랐다. 하지만 한나는 다른 것을 기다렸으므로 부부라는 관계만으로는 충족되지 않았다. 부부는 남자와 여자로 이뤄졌고 그들은 자녀가 태어나기를 바란다. 우리도 마찬가지다. 물론 그 바람이 드러나는 시기와 방식은 사람마다 다르다.

한나의 슬픔은 그녀의 행복을 바라는 남편의 마음마저 무겁게 했다. 우리는 한나의 깊은 슬픔을 이해할 것이다. 그녀의 절망과 기도는 누구나, 어떤 상황에서나 만날 수 있다. 모성에 대한 열망은 너무도 강한 것이기에 한나가 느끼는 슬픔을 상상하는 일은 어렵지 않다. 자녀를 바라는 사람은 한나처럼 행동하기 쉽다. 주님께서 개입하시어 은혜를 베풀어 주시기를 간청할 것이다. 이때 중재자이신 예수님께 기도를 해 보는 것은 어떨까? 이 기도는 아주 강력한 힘을 지닌다.

한나는 이제 더 이상 슬픔에 갇혀 지내지 않기로 했다. 그녀는 일어선다. 하느님 앞에서 자신의 마음을 털어놓기 위해 성전에 찾아간다. 성경은 이렇게 보여 준다. '흐느껴 울면서 주님께 기도'하였다. '주님 앞에서 오래도록 기도'하였다. '속으로 빌고' 있었다. 간절한 마음으로 기도 안에 머문 그녀의 행동은 임의적인 선택이 아니라, 핵심이자 본질이다. 기도는 '기대'를 돕는다. 이제 그녀는 희망으로 가득 찼다. 성경은 그녀가 청원 기도를 마친 뒤 "그의 얼굴이 더 이상 전과 같이 어둡지 않았다." 하고 전한다. 한나는 평화를 되찾

앉고, 그길로 가서 음식을 먹었으며 자신의 삶으로 돌아갔다.

한나는 자신이 아기를 갖게 될지 아직 알지 못한다. 그러나 이전과 같은 슬픔은 없었다. 처음에는 오해가 있었지만, 연민으로 가득 찬 엘리 사제와 나눈 대화와 한나의 기도는 그녀의 마음을 점차 변화시켰고, 일상을 다시 시작하도록 했다. 그녀의 얼굴은 완전히 달라졌다. 물론 겉으로 보기에 변한 것은 아무것도 없었다.

한나는 우리에게 기도하라고, 마음속 열망을 무시하지 말라고 가르쳐 준다. 부부의 건강에 아무 문제가 없어도 자녀를 갖고자 하는 내적 열망에 귀 기울이고, 이것을 기도 중에 하느님께 맡길 줄 알아야 한다. 아기를 갖기 전부터 기도를 드려야 한다. 한나처럼 신뢰와 내맡김 안에 머물면서, 모든 것을 하느님 손에 맡겨 드려야 한다.

한나의 기도는 마음속으로 겪은 모든 것을 표출하는 기도였을 것이다. 그녀는 '주님 앞에서 제 마음을 털어놓았'으며, '속으로 빌고' 있었다. 바로 이 점 때문에 엘리 사제는 그녀가 술에 취했다고 생각했다. 이에 한나는 이렇게 해명했다.

"저는 너무 괴롭고 분해서 이제껏 하소연하고 있었을 뿐입니다."

우리도 기도를 하면서 주님 앞에 우리 마음을 솔직하게 드러내야 한다. 우리의 고통과 기쁨, 두려움과 희망, 심지어 분노까지 주님께 보이기를 주저하지 말자. 한나는 '사람들이 무어라 말할지' 걱정하지 않았다. 그녀는 자신을 쳐다보는 사람들을 신경 쓰지 않았다. 오직 자신의 마음을 털어놓는 데 집중했다. 우리도 마찬가지로 설사 눈물이 흘러도 부끄러워하지 말고 흐르도록 내버려 두자. 하느님은 멀리 계시는 분이 아니다. 하느님은 우리 곁에 다가오기를 원하신다. 마음을 담아 기도하며 온전한 신뢰 속에서 우리 자신을 그분께 맡겨 드리자.

이처럼 눈물 나고 복받치는 기도는 우리가 내면의 가장 깊은 곳에 있음을 알게 해 준다. 이 기도는 사물을 본연의 자리로 되돌려놓는다. 우리에게 맡겨질 아기는 귀한 선물이다. 당연히 받아 내야 할 빚이 아니다. 한나는 "당신 여종에게 아들 하나만 허락해 주신다면, 그 아이를 한평생 주님께 바치겠다."라고 말씀드리면서 이 점을 분명히 밝힌다. 이제 아기는 더 이상 그녀만의 아기가 아니다. 주님의 아기가 되었다.

한나가 변화하는 모습을 알아본 엘리 사제는 한나를 축복한다.

"안심하고 돌아가시오. 이스라엘의 하느님께서 당신이 드린 청을 들어주실 것이오."

'안심하고 돌아가라.'라는 엘리 사제의 말은 우리에게 한 말이나 마찬가지다. 그때 우리 마음에서 일렁이는 온갖 소란스러움이 차분히 가라앉을 것이다. 우리는 한나의 태도가 변하는 모습을 보았다. 한나의 존재 자체를 뒤집어 놓은 폭풍과, 그 폭풍 뒤에 찾아온 평화가 그녀를 감싸는 것을 느낄 수 있다.

우리도 평화 안에서 우리를 위한 하느님의 계획을 신뢰하며 앞으로 걸어가자. 하느님께서는 늘 우리가 희망하는 것 그 이상을 주신다는 확신을 가지고, 우리 염원을 말씀드리자. "주님 안에서 즐거워하여라. 그분께서 네 마음이 청하는 바를 주시리라. 네 길을 주님께 맡기고 그분을 신뢰하여라. 그분께서 몸소 해 주시리라."(시편 37,4-5)라는 말씀을 간직하면서 기다리도록 하자.

여인의 마음속에 숨겨진 바람 ─★

　임신 전에는 '엘리사벳의 일화'(루카 1,5-25 참조)를 묵상해 보자. 요한 세례자의 어머니 엘리사벳의 일화는 여러 가지 면에서 한나의 일화와 닮아 있다. 또는 아브라함과 사라의 일화(창세 18,1-19 참조)를 묵상할 수도 있다. 천사는 사라가 나이가 많음에도 불구하고 아들을 낳을 것이라고 전한다. 우리는 사라가 불신함에도 하느님이 인간적 약점들을 뛰어넘어 이 부부와 맺은 약속을 실현하신 일을 묵상할 수 있다. 이 여인 두 명의 마음속에 숨겨진 바람을 바라보도록 하자.

주님,
주님은 제 마음속 열망을 귀 기울여 들으십니다.
주님은 저희 부부가 아기를 기다림을 아십니다.
또한 아기를 품고 싶은 제 이 간절한 마음도 아십니다.

주님,
아기를 선물해 주시기를 청합니다.
한나의 기쁨과 고통과 희망을 닮은
저의 기쁨, 저의 고통, 저의 희망을 주님께 봉헌합니다.
한나는 절망의 상태에 빠져 있으면서도
성전을 찾아가는 용기를 냈습니다.
그녀는 주님께서 자신의 기도를 귀담아들으실 줄 알았으며,
마음속 깊이 주님을 향해 하소연하였습니다.

주님,
희망을 가지고 기다릴 수 있기를 청합니다.
주님을 온전히 신뢰하며
기도로써 주님께 다가가도록 도와주소서.
아멘.

1주

"네가 하는 일을 주님께 맡겨라. 계획하는 일이 이루어질 것이다."(잠언 16,3)

2주

"주님이시여, 이른 아침 내 소리를 들으시오니 이른 아침부터 채비 차리고, 애틋이 기다리는 이 몸이오이다."(《시편과 아가》 시편 5,4)

3주

"내 영혼이 주님을 기다리오며, 당신의 말씀을 기다리나이다."
(《시편과 아가》 시편 130,5)

4주

당신께서 저를 값지게 만들어 주시지 않는다면 어찌 제가 당신께 값진 존재일 수 있겠습니까? - 십자가의 요한 성인의 기도

묵상글

하느님께서는 매일 우리에게 새로운 아침을 주십니다.
당신의 자비로 모든 것을 새롭게 하십니다.
오늘 주님께서는 또 한 번 새롭게 하셨습니다.
아기를 통해 우리를 강복해 주셨습니다.
이에 기뻐하며 주님께 기도합시다.
주님의 창조 사업에 함께하게 해 주심에 감사드립시다.
그리고 이 아기를 축복해 달라고 주님께 청합시다.

결합하여, 둘이 한 몸이 된다
– 육체와 마음의 결합을 축복으로 받아들일 때

부모가 방에서 나가 문을 닫자 토비야는 침상에서 일어나 사라에게 말하였다.

"여보, 일어나구려. 우리 주님께 기도하며 우리에게 자비와 구원을 베풀어 주십사고 간청합시다."

사라가 일어나자 그들은 기도하며 자기들에게 구원이 이루어지기를 간청하였다. 토비야는 이렇게 기도하기 시작하였다.

"저희 조상들의 하느님, 찬미받으소서. 당신의 이름은 대대로 영원히 찬미받으소서. 하늘과 당신의 모든 조물이 당신을 영원히 찬미하게 하소서. 당신께서는 아담을 만드시고 그의 협력자며 협조자로 아내 하와도 만들어 주셨습니다. 그 둘에게서 인류가 나왔습니다. 당신께서는 '사람이 혼자 있는 것이 좋지 않으니 그와 닮은 협력자를 우리가 만들어 주자.' 하셨습니다. 이제 저는 욕정이 아니라 진실한 마음으로 저의 이 친족 누이를 아내로 맞아들입니다. 저와 이 여자가 자비를 얻어 함께 해로하도록 허락해 주십시오."

그들은 "아멘, 아멘." 하고 함께 말하였다. 그러고 나서 그날 밤 잠을 잤다. 라구엘은 밤중에 일어나 하인들을 불러 함께 나가서 무덤을 팠다.

'신랑은 죽고 우리는 또 비웃음거리와 우셋거리가 되겠지.' 하고 생각하였던 것이다.

(토빗 8,4-10)

토비야와 사라의 이야기다. 사라는 몹쓸 병에 걸렸다. 그녀에게는 일곱 명의 남편이 있었는데, 모두 혼례를 올린 당일 날 밤에 죽었다. 토비야가 사라와 혼인하려고 사라의 부모를 찾아갔을 때, 사람들은 토비야의 목숨을 걱정하기 시작했다. 토비야가 죽기도 전에 그의 무덤은 이미 준비되어 있었다. 그러나 토비야는 하느님을 믿었다. 밤이 되어 잠자리에 들기 전에 토비야와 사라는 이렇게 기도했다.

"여보, 일어나구려. 주님께 기도하며 간청합시다."

남편과 아내가 한마음으로 드리는 공동 기도는 중요한 의미를 갖는다. 남자와 여자가 새로운 생명을 창조하는 신비 안으로 들어가기 때문이다. 부부는 결합에 앞서 은혜와 보호를 청하면서 하느님을 찬양하는 기도를 드려야 한다.

자녀의 출산보다 중요한 것은 부부다. 건강한 부부 관계는 자녀를 키우는 데 가장 중요한 요소이기 때문이다. 부부가 함께 드리는 기도의 은혜와 혼인하여 받은 은혜를 소중히 여기자. 하느님은 우리 혼인 생활에 늘 함께하신다.

육체적으로 결합하기 전에, 아기를 잉태하기 전에 왜 기도를 드리지 못할까? 신비로운 창조 사업과 부부를 결합시키는 사랑에 관해 왜 하느님을 찬미하지 못할까? 부부는 혼인할 때 하느님 앞에서 즐거울 때나 괴로울 때나, 건강할 때나 아플 때나 신의를 지키며 서로를 사랑하고 존경할 것을 약속한다. 혼인은 곧 하느님의 뜻이다. 하느님은 사람을 창조하시면서 "남자는 아버지와 어머니를 떠나 아내와 결합하여, 둘이 한 몸이 된다."(창세 2,24) 하고 말씀하셨다.

때로 아기를 갖기까지 시간이 오래 걸리기도 한다. 새로운 생명을 낳는 부부의 결합을 하느님께 봉헌할 때 이는 희망의 원천이 된다. 육체와 마음의 결합을 하느님의 축복으로 받아들일 때 처음부터 그 안에 있던 새로운 생명이 발아되어 뿜어져 나올 것이다. 토비야와 사라처럼 용기를 내고 부부가 함께 주님께 기도드리자.

"그와 닮은 협력자를 우리가 만들어 주자." 우리는 이 대목에서 여성인 아내가 받는 고유한 은총을 묵상할 수 있다. 남성과 여성의 신비는 불가해소성不可解消性을 가진다. 남성과 여성은 하느님의 모습대로 창조되었으며, 서로를 하느님의 선물로 받아들인다.

여성은 생명을 낳는다. 생물학적으로도 생명을 낳지만 영적으로도 생명을 낳는다. 프랑스의 여성 신학자 조르제트 블라키에르에 따르면 여성은 '사람들을 하느님 나라에 태어나게 함으로써' 생명을 낳는다고 한다. 우리는 여성의 아름다운 소명을 알고 있을까? 주님이 여성에게 베풀어 주신 은총에 관해 감사하고 있을까? 어머니의 어머니들, 또 그 어머니들이 짊어졌던 삶의 무게를 생각하면서, 여성에게 계시된 뜻 모를 두려움을 느낄지도 모른다.

하느님은 우리가 하느님의 창조 사업에 동참하기를 원하신다. 그분은 우리가 자유롭기를, 또한 서 있기를 바라신다. 토비야는 주님을 '저희 조상들의 하느님'이라고 부르며, '대를 이어 하느님의 이름으로 축복받는 가정을 이루고 싶은 열망'을 아뢴다. 그렇게 함으로써 우리를 계승할 다음 세대들을 연결하는 고리가 되고자 한다.

모든 부부는 각각 하나의 역사다. 우리에게는 부모가 있다. 부모에게도 부모가 있고, 그 부모에게도 부모가 있다. 이제 우리 차례다. 우리도 부모가 되고자 한다. 부부가 결합하여 정해진 대열에 들어설 새로운 생명을 낳는 것이다.

우리 가족 모두가 아기를 환영할 것이다. 가족은 기쁜 일과 불행한 일을 셀 수도 없이 많이, 그리고 함께 겪어 냈다. 임신을 하면 평소에 묻혀 있던 여러 감정들이 수면 위로 올라온다. 어머니는 우리를 가졌을 때, 우리는 세상에 나왔을 때 가족들에게 받은 환대가 생각나기도 한다. 우리 가정을, 아기를 함께 환영해 줄 양가 부모님을 주님께 봉헌하자. 우리 가정이 겪는 크고 작은 상처들을 치유해 주시고, 아기를 축복해 주십사 하고 하느님께 청하자. 우리 자녀들도 언젠가는 우리에게 새로운 생명을 안겨 줄 것이다.

우리를 위해 준비하신 것이 무엇인지 모른 채

우리는 토비야의 기도처럼 남자와 여자의 창조 신비(창세 2,18-25 참조)를 묵상할 수 있고, 하느님의 모습대로 남자와 여자를 창조하신 하느님의 계획을 묵상할 수도 있다. 하느님께서 그를 위해 준비하신 것이 무엇인지 모른 채 잠을 자던 아담의 잠을 묵상할 수도 있다. 아담은 잠에서 깨어나 탄성을 지른다. 아담이 자기와 닮았으나 자기와 다른 여자를 발견하고 내지른 탄성에 귀를 기울여 보자. "이야말로 내 뼈에서 나온 뼈요 내 살에서 나온 살이로구나!"(창세 2,23) 그리고 다음 구절에 머물러 보자. "그러므로 남자는 아버지와 어머니를 떠나 아내와 결합하여, 둘이 한 몸이 된다. 사람과 그 아내는 둘 다 알몸이면서도 부끄러워하지 않았다." (창세 2,24-25)

주님,
남자와 여자, 새로운 생명의 창조 사업에 찬미받으소서.
저희를 결합시켜 주는 사랑에 찬미받으소서.

저희 결합이 일치를 지향하게 하시고,
저희 일치를 굳건하게 하여 주소서.
또한 저희 진실한 마음을 보아 주시고,
저희가 서로 사랑하게 하소서.

주님,
새로운 생명의 탄생을 허락하여 주소서.
저희 몸이 새로운 생명을 받아들이도록 허락하여 주소서.
생명을 기다리는 저희 가정을 주님께 봉헌합니다.
기쁠 때나 고통에 빠져 있을 때나
늘 저희 가정을 축복하여 주소서.
상처 입은 저희 각자를 치유하여 주소서.
아멘.

이달에는 아기에게 전하고 싶은 기쁨을 적어 보세요.

5주

"너희 아버지께서는 너희가 청하기도 전에 무엇이 필요한지 알고 계신다."
(마태 6,8)

★ 6주

"저는 알았습니다. 당신께서는 모든 것을 하실 수 있음을, 당신께는 어떠한 계획도 불가능하지 않음을!"(욥 42,2)

7주

"저는 당신의 이름을 끊임없이 찬미하고 감사의 노래를 읊었습니다. 그러자 제 기도를 들어주셨습니다."(집회 51,11)

8주

"내 영혼아 야훼님 찬양하라, 당신의 온갖 은혜 하나도 잊지 말라."
(《시편과 아가》 시편 103,2)

묵상글

자연은 하느님이 우리에게 주시는
무상의 선물입니다.
자연을 바라보면 지금 우리에게 일어나는 모든 일이
주님의 은총이라는 것을 깨달을 수 있으며
우리 배 속의 아기가 성장하려면
시간이 더 필요하다는 것을 깨달을 수 있습니다.
이는 우리의 노력만으로 이루어지는 일이 아니지요.
그렇기에 우리는 자연 속에서 마음의 중심을 찾고
끝없는 감사와 깊은 평화를 느낄 수 있습니다.

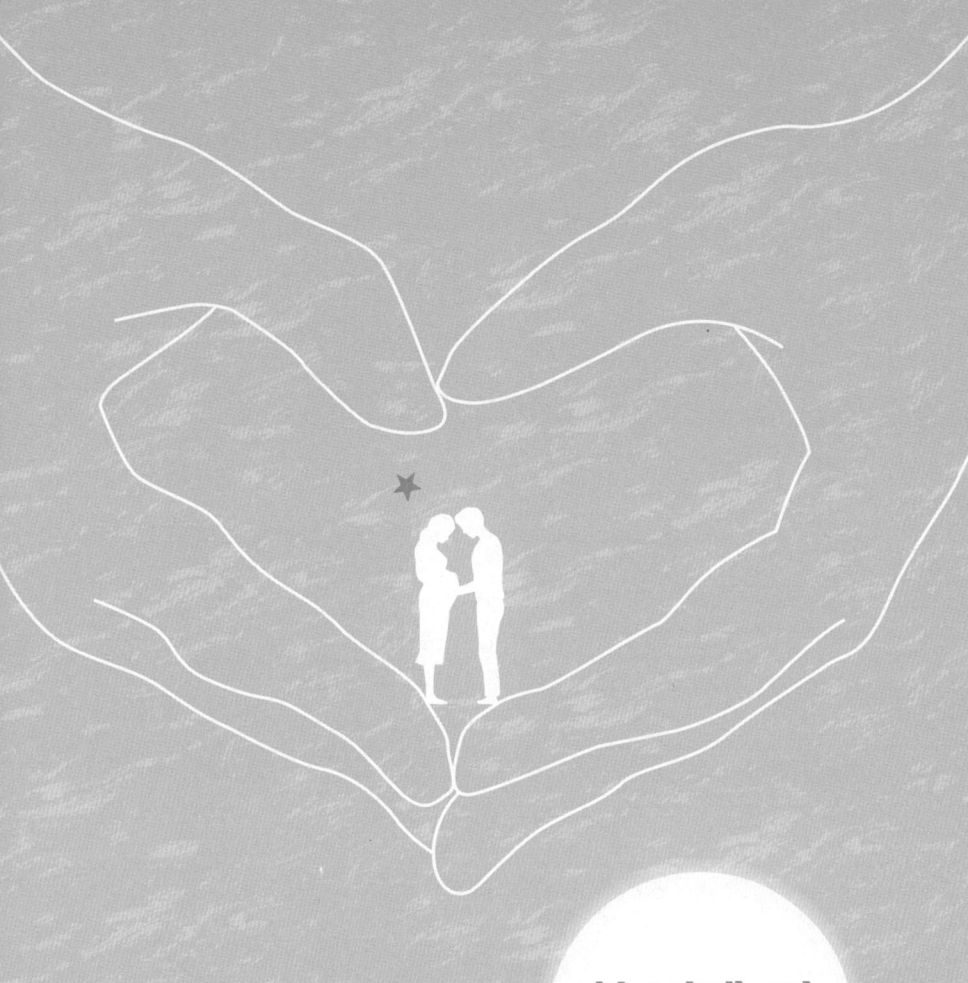

첫 번째 달
- 수태 고지

두려워하지 마라, 마리아야
- 우리를 사로잡는 모든 혼란과 기쁨

여섯째 달에 하느님께서는 가브리엘 천사를 갈릴래아 지방 나자렛이라는 고을로 보내시어, 다윗 집안의 요셉이라는 사람과 약혼한 처녀를 찾아가게 하셨다. 그 처녀의 이름은 마리아였다. 천사가 마리아의 집으로 들어가 말하였다.

"은총이 가득한 이여, 기뻐하여라. 주님께서 너와 함께 계시다."

이 말에 마리아는 몹시 놀랐다. 그리고 이 인사말이 무슨 뜻인가 하고 곰곰이 생각하였다. 천사가 다시 마리아에게 말하였다.

"두려워하지 마라, 마리아야. 너는 하느님의 총애를 받았다. 보라, 이제 네가 잉태하여 아들을 낳을 터이니 그 이름을 예수라 하여라. 그분께서는 큰 인물이 되시고 지극히 높으신 분의 아드님이라 불리실 것이다. 주 하느님께서 그분의 조상 다윗의 왕좌를 그분께 주시어, 그분께서 야곱 집안을 영원히 다스리시리니 그분의 나라는 끝이 없을 것이다."

마리아가 천사에게, "저는 남자를 알지 못하는데, 어떻게 그런 일이 있을 수 있겠습니까?" 하고 말하자, 천사가 마리아에게 대답하였다.

"성령께서 너에게 내려오시고 지극히 높으신 분의 힘이 너를 덮을 것이다. 그러므로 태어날 아기는 거룩하신 분, 하느님의 아드님이라고 불릴 것이다. 네 친척 엘리사벳을 보아라. 그 늙은 나이에도 아들을 잉태하였다. 아이를 못 낳는 여자라고 불리던 그가 임신한 지 여섯 달이 되었다. 하느님께는 불가능한 일이 없다."

마리아가 말하였다.

"보십시오, 저는 주님의 종입니다. 말씀하신 대로 저에게 이루어지기를 바랍니다."

그러자 천사는 마리아에게서 떠나갔다.

(루카 1,26-38)

임신을 확인하는 순간은 무척 특별하다. 새로운 생명을 간절히 기다리다가, 마침내 우리 몸에 아기가 잉태되어 자라는 것을 확인하는 순간이다. 상황에 따라 기쁨을 느끼기도 하고, 두려움에 사로잡히기도 하며, 온갖 감정과 회한이 뒤얽히기도 할 것이다.

그 순간 성모 마리아를 바라보자. 천사가 마리아를 찾아가 성령의 힘에 덮여 아기를 잉태하게 될 것이라고 알린다. 천사는 가장 먼저 마리아를 기쁨으로 초대한다.

"은총이 가득한 이여, 기뻐하여라. 주님께서 너와 함께 계시다."

마리아를 향해 천사가 말한 것은 '기쁨'이다. 마리아는 선택받았으며, '은총이 가득한' 상태. 주님은 마리아를 통해 온 인류에게 기쁨을 선사한다. 하느님은 인간과 합일하여 마리아의 태 안에서 강생한다. 그분은 임마누엘이시다. '우리와 함께하는 분'이시다.

이 신비는 엄청나다. 우리는 이 신비를 묵상하여 구세주의 어머니, 마리아의 기쁨이 우리 안에 배어들게 해야 한다. 그런데 성경은 천사의 인사를 받은 마리아가 '몹시 놀랐다'고 말한다. 천사의 인사에 마리아는 얼마나 당황했을까? 마리아는 단번에 기쁨을 느끼지 못했을 것이다. 하느님의 천사를 보고서도 황홀경에 빠지지 못했다. 감사를 드리지도, 찬미를 드리지도 못했다.

단지 무슨 뜻인가 곰곰 생각하였으며, 두려워하였다. "두려워하지 마라, 마리아야. 너는 하느님의 총애를 받았다."라는 구절을 보면 그녀가 두려워하였다는 것을 알 수 있다. 가브리엘 천사는 마리아를 믿음으로 초대한다. 그는 "어떻게 그런 일이 있을 수 있겠습니까?"라는 질문에 하느님의 전능함을 바라보도록 한다.

"성령께서 너에게 내려오시고 지극히 높으신 분의 힘이 너를 덮을 것이다."

이 말을 들은 뒤에도 마리아는 두려움에 휩싸여 있었을까? 그렇지 않다. 성령께서 마리아를 찾아오시어 그녀를 온전히 감싼다고 하지 않는가. 마리아는 천사의 말을 겸손하게 받아들이며 이렇게 대답했다.

"저는 주님의 종입니다. 말씀하신 대로 저에게 이루어지기를 바랍니다."

그녀의 대답은 길지 않았다. 마리아는 하느님이 그녀 안에서 강생하는 놀라운 계획에 "예."라고 대답한다. 그녀는 더 이상 질문하지도 않고 회피할 구실도 찾지 않았으며 그저 자신을 하느님께 내맡길 뿐이었다. 마리아는 눈앞에서 펼쳐진 믿을 수 없는 그 기적을 받아들이면서 우리도 우리에게 일어난 일에 "예."라고 응답하도록 해 준다.

우리는 기다리던 아기든, 그렇지 않던 아기든, 이 새로운 생명을 받아들이고 마음 깊이 환영해야 한다. 새로운 생명이 몸 안에서 자란다는 말에 우리는 두려움 없이 "예."라고 대답할 수 있어야 한다. 마리아처럼 하느님의 전능함이 우리를 감싸도록 맡겨 드리는 것이다. 우리를 사로잡는 모든 혼란과 기쁨을 마주하면서 아버지의 뜻을 온전히 믿고 우리를 맡겨 드리자. 두려움을 떨쳐 내고 모성이라는 새로운 모험 속으로 들어가자.

우리는 어디로 가게 될지 모른다. 마리아는 알았을까? 아기가 어떻게 될지 상상이나 했을까? 요셉의 마음은 어땠을까? 주님은 이 문제에도 개입하신다. 앞으로 일어날 일을 두고 마리아를 홀로 남겨 두지 않으셨다. 몰래 파혼하려 했던 요셉은 꿈에 천사를 보았다. 천사는 두려워하지 말고 마리아를 아내로 맞아들이라고 말한다. 요셉은 마리아와 함께하며 그녀와 아기를 보호한다. 또한 그들의 목숨을 위협하는 위험을 사전에 통보받는다. 하느님은 어떤 일을 시작하면 결코 물러서지 않으신다. 그분은 마리아와 요셉과 끝까지 함께하셨다.

주님은 우리와도 끝까지 함께하실 것이다. 그러니 일상 속에서 혼란스럽고 방해되는 일이 생겨도 받아들이자. 천사는 마리아의 삶 속으로 그녀를 찾아왔다. 마리아가 평소 하던 일을 하고 있을 때 찾아왔다. 일상의 평범함 속으로 특별한 일이 찾아온 것이다. 작은 아기는 삶을 지속하는 중에, 일하고 활동하는 중에 우리를 찾아와 자란다.

우리가 아기의 존재를 미처 알아차리지 못하는 사이에 아기의 세포는 분열된다. 3주가 지난 뒤에는 심장도 뛰기 시작한다. 장차 어머니가 될 우리 몸에서 어떤 일이 일어나는지 누가 상상할 수 있을까? 설령 어머니를 주의 깊게 살펴본다 해도 아무것도 드러나지 않을 것이다.

씨앗에 대한 예수님의 비유 말씀을 들어 보자.

"하느님의 나라는 이와 같다. 어떤 사람이 땅에 씨를 뿌려 놓으면, 밤에 자고 낮에 일어나고 하는 사이에 씨는 싹이 터서 자라는데, 그 사람은 어떻게 그리되는지 모른다." (마르 4,26-27)

우리는 이 기적이 우리 안에서 어떻게 시작되었는지 알지 못한다. 우리가 의식하지 못하더라도 아기는 우리의 태 안에서 자란다.

천사와 마리아의 대화는 단순하다. 핵심을 이야기하며, 침묵이 깃들어 있다. 우리는 침묵 중에 진솔한 마음으로 하느님을 만날 수 있다. 이웃이 우리를 어떻게 생각하는지 신경 쓰지 않고 침묵 안에 머무를 때, 진실로 우리 자신이 될 수 있다. 조용히 침묵하고 있을 때 우리 아기를 잘 맞이할 수 있다. 하느님도 그 침묵 중에 아기가 잘 자라도록 일하신다.

하느님은 인간의 가장 평범한 일상 가운데서 특별한 일을 하신다. 그러니 우리 안에서 일어나는 위대한 기적 앞에서 마리아처럼 우리를 기쁨과 믿음과 겸손으로 초대해 주시도록 우리를 맡겨 드리자.

우리 두 손에 맡겨진 고귀한 자녀

우리는 시편에서 주님께서 우리 안에서 활동하시어, 우리 가정의 기초를 든든하게 다져 주시도록 청하는 글을 읽을 수 있다. 이 말씀을 함께 묵상해 보자. "주님께서 집을 지어 주지 않으시면 그 짓는 이들의 수고가 헛되리라."(시편 127,1) 우리는 틀림없이 어떤 폭풍도 우리 가정을 무너뜨리지 못하도록 바위 위에 세우기를 바랄 것이다. 그 바위는 우리 주님이다. 주님께서 우리 집을 세우시도록 맡겨 드리자.

마지막으로 이 말씀을 마음에 새기도록 하자. "보라, 아들들은 주님의 선물이요, 몸의 소생은 그분의 상급이다."(시편 127,3) 이 구절은 주님이 우리에게 그분의 고귀한 자녀들을 맡겨 주시면서 베푸신 선물이 어떤 의미인지 헤아리도록 이끌어 준다. 자녀들이야말로 '가정의 참다운 재산'이다.

주님,

제 안에서 자라는 새로운 생명을 통해 찬미받으소서.

제 기쁨과 변화에 대한 두려움, 당황스러움까지 주님께 맡깁니다.

제게 믿음의 은총을 베풀어 주시어,

두려움에서 벗어나게 하여 주소서.

마리아를 본받아,

진실하고 자유로우며 겸손한 응답을 하게 하소서.

이미 제 안에 품은 생명을 기꺼이 받아들이게 하시고

저에게 오시어, 제 안에 머물러 주소서.

아멘.

* 9주

"주님을 언제나 내 앞에 모시오니, 내 오른편에 계시옵기, 흔들리지 않으오리다."
(《시편과 아가》 시편 16,8)

10주

"나는 세상의 빛이다. 나를 따르는 이는 어둠 속을 걷지 않고 생명의 빛을 얻을 것이다."(요한 8,12)

11주

"주님의 도우심에 이 마음 크게 기쁘오리니 갖은 은혜 베푸신 야훼께 찬미드리오리다."(《시편과 아가》 시편 13,6)

*12주

"두려워하지 마라. 내가 너를 지명하여 불렀으니 너는 나의 것이다."
(이사 43,1)

묵상 글

새로운 변화는 불안과 함께 다가옵니다.
그렇다면 그러한 불안을 어떻게 없앨 수 있을까요?
수도자들은 부정적인 생각이 떠오를 때
일종의 치료제로 성경 구절을 암송했습니다.
특히 불안할 때에 암송하는 구절은
시편 118편 6절이었습니다.
"주님께서 나를 위하시니 나는 두렵지 않네."

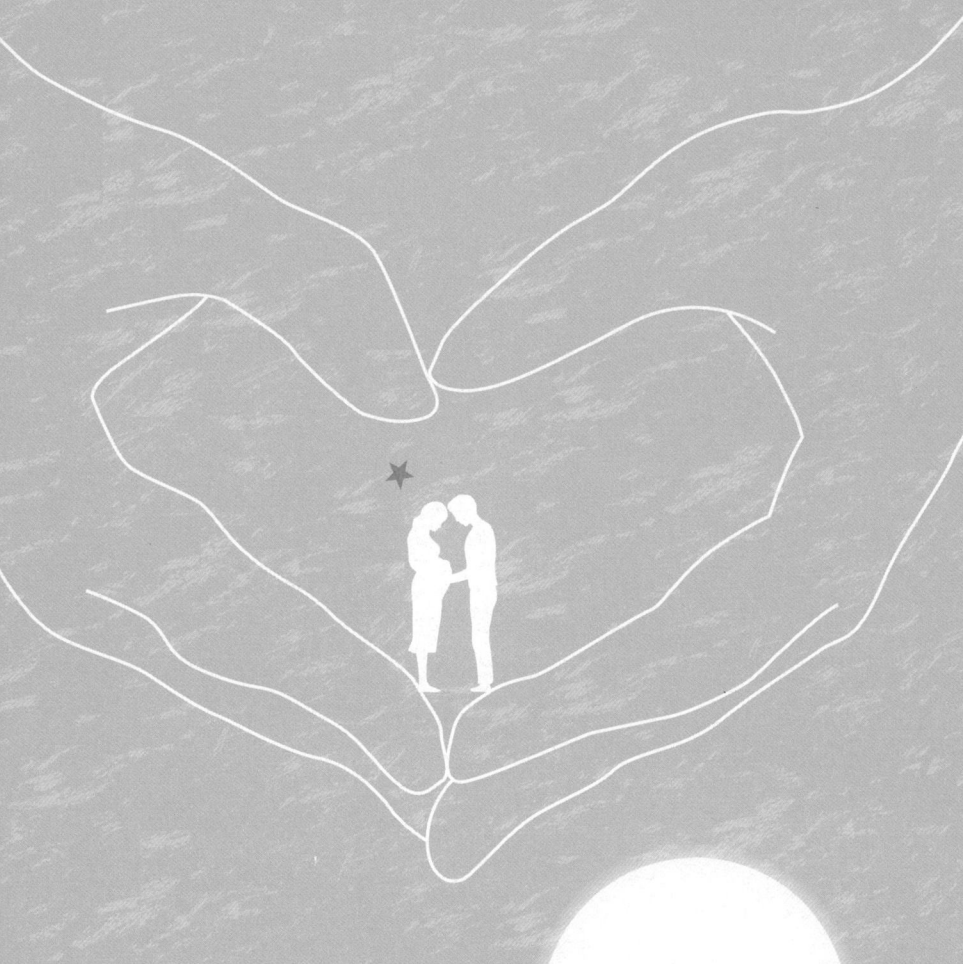

두 번째 달
- 하느님의 창조

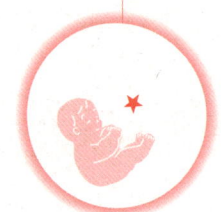

저는 당신이 남몰래 엮으신 생명입니다

– 하나씩 밀려오는 수만 가지 두려움

주님, 당신께서는 저를 살펴보시어 아십니다.

제가 앉거나 서거나 당신께서는 아시고

제 생각을 멀리서도 알아채십니다.

제가 길을 가도 누워 있어도 당신께서는 헤아리시고

당신께는 저의 모든 길이 익숙합니다.

정녕 말이 제 혀에 오르기도 전에

주님, 이미 당신께서는 모두 아십니다.

뒤에서도 앞에서도 저를 에워싸시고

제 위에 당신 손을 얹으십니다.

저에게는 너무나 신비한 당신의 예지

너무 높아 저로서는 어찌할 수 없습니다.

당신 얼을 피해 어디로 가겠습니까?
당신 얼굴 피해 어디로 달아나겠습니까?
제가 하늘로 올라가도 거기에 당신 계시고
저승에 잠자리를 펴도 거기에 또한 계십니다.
제가 새벽놀의 날개를 달아
바다 맨 끝에 자리 잡는다 해도
거기에서도 당신 손이 저를 이끄시고
당신 오른손이 저를 붙잡으십니다.
"어둠이 나를 뒤덮고
내 주위의 빛이 밤이 되었으면!" 하여도
암흑인 듯 광명인 듯
어둠도 당신께는 어둡지 않고
밤도 낮처럼 빛납니다.
정녕 당신께서는 제 속을 만드시고
제 어머니 배 속에서 저를 엮으셨습니다.
제가 오묘하게 지어졌으니 당신을 찬송합니다.
당신의 조물들은 경이로울 뿐.
제 영혼이 이를 잘 압니다.
제가 남몰래 만들어질 때
제가 땅 깊은 곳에서 짜일 때
제 뼈대는 당신께 감추어져 있지 않았습니다.

제가 아직 태아일 때 당신 두 눈이 보셨고

이미 정해진 날 가운데

아직 하나도 시작하지 않았을 때

당신 책에 그 모든 것이 쓰였습니다.

하느님, 당신의 생각들이 제게 얼마나 어렵습니까?

그것들을 다 합치면 얼마나 웅장합니까?

세어 보자니 모래보다 많고

끝까지 닿았다 해도 저는 여전히 당신과 함께 있습니다.

(시편 139,1-18)

우리를 속속들이 다 알고 계신 하느님께 경탄이 절로 나온다. "제가 앉거나 서거나 당신께서는 아시고 제 생각을 멀리서도 알아채십니다."(시편 139,2)라는 구절을 읽으면 두려움까지 느껴진다. 분명히 하느님께서는 우리 자신보다 우리를 더 잘 아신다. 우리를 지으신 분도 그분이 아닌가. 그래서 그분을 '우리 아버지'라고 부르도록 허락하셨을 것이다.

새로운 마음으로 창조의 신비를 바라보자. 우리는 아버지와 어머니에게서 태어났다. 하지만 그보다 먼저 우리를 다 아시는 하느님의 뜻에 따라 창조되었다. 하느님의 눈을 피할 수 있는 것은 아무것도 없다. 그분은 우리 마음속 깊은 곳까지 들여다보신다. 시편에서는 하느님께서 우리가 어머니 배 속에 들어 있을 때 우리를 엮으셨으며, 남몰래 만드셨다고 말한다. 하느님은 침묵과 인내 속에서 우리를 엮으셨다. 하느님의 사업은 소란스럽지 않다. 조급하게 이루어지지도 않는다. 그 일은 고요함 속에서 이루어지며, 우리 자신도 알아채지 못할 정도다.

하나의 생명이 우리가 알지 못하는 사이에 우리 안에서 만들어졌다. 그러나 하느님은 이미 그 일을 알고 계신다. 그뿐인가. 그분은 그 생명을 위해 예견하신 모든 날들을 적어 놓으셨다. 우리로서는 놀라지 않을 수 없다. 우리도 시편 저자처럼 고백할 수밖에 없다. "하느님, 당신의 생각들이 제게 얼마나 어렵습니까? 그것들을 다 합치면 얼마나 웅장합니까?"(시편 139,17)

재미 삼아 생각해 보면, 수백만 가지의 가능성이 있다. 어떤 난자와 어떤 정자가 만나 우리가 태어날 확률은 얼마나 될까? 우리는 모두 유일하다. 같은 사람이 두 명일 수는 없다. 외모가 비슷한 쌍둥이도 같은 사람이 아니다. 그러니 우리는 생명의 탄생 앞에서 감탄이 나온다.

아기가 세상에 오는 처음 그 순간부터 우리가 미처 보지 못하는 것을 보시는 주님을 찬양하자. 주님은 아직 온전히 형성되지 않은 태아를 이미 완성된 인간으로 보신다. 주님이 그 아기를 창조하신다. 남몰래 엮으신다. 주님은 태아를 완성된 인격체로 무한히 사랑하신다. 하느님은 여러 가지 이유로 세상에 태어나지 못한 아기들도 사랑하신다. 그 아기들은 우리 안에 존재하기 이전, 만물의 창조주 하느님 안에 존재했다. 우리의 슬픔 속으로 숨어 버린 이 아기들을 기억하자. 그리고 하느님의 신비에 맡겨 드리자.

요즘은 초음파 검진을 받으면 아기의 성별을 금방 알 수 있다. 궁금하겠지만 서두르지 말자. 성별을 너무 의식하기보다 시간을 갖고 기다리는 게 좋다.

우리 아기는 지금 태 안에 숨어 있지만, 언젠가 우리 앞에 나타날 것이다.

아기의 성별을 확인할지 좀 더 기다릴지는 부부가 자유롭게 선택할 문제다. 어떤 이들은 아기의 탄생을 더 잘 준비하기 위해, 아기의 이름을 짓기 위해, 가정 안에서 아기의 위치를 정하기 위해 성별을 알고 싶어 한다. 또 어떤 이들은 아직 그들의 것이 아닌 이 비밀을 존중하며, 얼굴을 마주할 첫 만남을 위해 감정을 절제하면서 탄생의 순간을 기다리기도 한다. 각 가정의 고유한 상황에서, 자신의 가정을 위해 어떻게 하는 것이 최선인지 곰곰이 생각하는 것이 좋다. 인내를 가지고 아기를 기다리자. 이 시기는 침묵하고 인내해야 하는 시기다. 시편 139편 14절을 읽어 보자.

"제가 오묘하게 지어졌으니 당신을 찬송합니다."

우리 몸은 태에서 자라는 생명에 적응하기 위해 어떻게 반응하고 있을까? 우리 몸은 아기를 받아들일 준비를 한다. 몸이 열리고 아기의 자리를 만든다. 아기에게 필요한 영양분을 전해 주고, 아기를 보존하고 보호할 준비를 한다. 이렇듯 우리 몸의 오묘함에 관해 영원하신 하느님께 찬미드리자.

처음 겪는 심한 입덧이나 식욕 부진에 시달리는 임산부가 찬미드리는 것은 쉬운 일이 아니다. 어떤 임산부는 임신 초기에 극심한 고통을 겪기도 한다. 몸 안에서 일어나는 놀라운 일을 전혀 알아채지 못한 채 거북함과 피곤, 짜증만 느낄 수도 있다. 이럴 때는 우리를 지지하는 호의적인 사람들에게 도움을 청하자. 그리고 "거기에서도 당신 손이 저를 이끄시고 당신 오른손이 저를 붙잡으십니다."(시편 139,10)라는 말씀과, "'어둠이 나를 뒤덮고 내 주위의 빛이 밤이 되었으면!' 하여도 암흑인 듯 광명인 듯 어둠도 당신께는 어둡지 않고 밤도 낮처럼 빛납니다."(시편 139,11-12)라는 말씀을 읽어 보자.

빛은 아침마다 떠오르는 태양처럼 밤보다 더 강한 빛으로 찾아올 것이다. 하느님은 어둠을 맑고 밝은 빛으로 변화시켜 주실 것이다. 시편 126편 5-6절은 말한다. "눈물로 씨 뿌리던 이들 환호하며 거두리라. 뿌릴 씨 들고 울며 가던 이 곡식 단 들고 환호하며 돌아오리라."

임신 초기에 불안을 느끼고 있다면 믿음을 갖도록 하자. 씨를 담은 우리의 주머니는 우리에게 풍성한 곡식 단을 안겨 줄 것이며, 우리는 환호할 것이다.

어떤 어려움을 맞든 우리와 함께해 주시는 주님께 의지하자. 임신 초기부터 이 생명의 신비에 주님께 찬미하자. 우리의 오묘한 몸의 신비에 주님께 감사드리자.

우리 아기도 공들여 빚으실 것이다

이번 달에 묵상을 더 깊이 하기를 원하는 이는 진흙을 빚어 그릇을 만드는 장인에 비유해 주님의 권능을 이야기하는 이사야서 45장 9-13절을 읽고 묵상할 수 있다. 작품을 만든 장인은 그 작품이 어떻게 사용될지 잘 알고 있으며, 그 작품과 항상 함께해 주신다. 아마 주님은 우리에게도 그렇게 해 주실 것이고, 우리 아기에게도 그렇게 해 주실 것이다.

주님,
고요함 중에 저를 엮어 주시어 감사드립니다.
제 모습을 갖춰 가는 아기와 함께 감사드립니다.
주님은 제 안에 있는 생명을 알고 계십니다.
주님은 공을 들여 작업하는 장인처럼,
매일매일 그 아기를 짜고 엮고 계십니다.

주님,
제 몸과 영혼을
이처럼 오묘하게 만들어 주셔서 감사드립니다.
제가 이 생명을 향해 온전히 마음 열게 하시고
주님의 창조 사업에 자유롭게 동참하게 하소서.
제 안에서 자라는 이 아기를 축복하여 주소서.
저 또한 아기의 창조주이신 주님을 통해
매일매일 아기를 축복합니다.
아멘.

13주

"너는 복이 될 것이다."(창세 12,2)

14주

"반짝이는 눈은 마음을 즐겁게 하고 좋은 소식은 뼈마디에 생기를 준다."
(잠언 15,30)

15주

"내가 세상 끝 날까지 언제나 너희와 함께 있겠다."(마태 28,20)

*16주

"네 믿음이 참으로 크구나. 네가 바라는 대로 될 것이다."(마태 15,28)

묵상 글

이 시기에는 급격한 변화로 인한 불안이
감정을 날카롭게 하기도 합니다.
그럴 때에는 모든 실망스러운 감정을 받아들이고
마음속 깊은 곳을 바라보세요.
그곳에 있는 사랑의 샘을 발견할 수 있을 것입니다.
사랑의 샘을 발견하고 그 샘물이 솟아나게 할 때
자신의 다른 모습이 나타납니다.
그리고 상대방을 새롭게 사랑할 수 있습니다.

나는 너를 잊지 않는다

― 내가 너를…… 사랑할 수 있을까?

그러나 이제 야곱아, 너를 창조하신 분, 이스라엘아, 너를 빚어 만드신 분, 주님께서 이렇게 말씀하신다.

"내가 너를 구원하였으니 두려워하지 마라. 내가 너를 지명하여 불렀으니 너는 나의 것이다. 네가 물 한가운데를 지난다 해도 나 너와 함께 있고 강을 지난다 해도 너를 덮치지 않게 하리라. 네가 불 한가운데를 걷는다 해도 너는 타지 않고 불꽃이 너를 태우지 못하리라. 나는 주 너의 하느님 이스라엘의 거룩한 이, 너의 구원자이다. 내가 이집트를 너의 몸값으로 내놓고 에티오피아와 스바를 너 대신 내놓는다. 네가 나의 눈에 값지고 소중하며 내가 너를 사랑하기 때문이다. 내가 너 대신 다른 사람들을 내놓고 네 생명 대신 민족들을 내놓는다. 내가 너와 함께 있으니 두려워하지 마라. 내가 해 뜨는 곳에서 너의 후손들을 데려오고 해 지는 곳에서 너를 모아 오리라. 내가 북녘에 이르리라. '내놓아라.' 남녘에도 이르리라. '잡아 두지 마라. 나의 아들들을 먼 곳에서, 나의 딸들을 땅끝에서 데려오너라. 나의 이름으로 불리는 이들, 나의 영광을 위하여 내가 창조한 이들, 내가 빚어 만든 이들을 모두 데려오너라.'"

(이사 43,1-7)

우리를 지으시고 만드시고 다듬으시어 하느님의 영광을 드러내신 창조주 하느님 앞에 다시 머물러 보자. 하느님은 우리 자녀의 창조주시다. 우리 아기는 우리에게 속하기 전에 하느님께 먼저 속한다. 우리는 그 생명의 절대적인 주인이 아니다. 그 아기를 온전하게 아시는 분께 그 자리를 내어 드림이 옳다.

그런데 하느님은 저 멀리 높은 곳에서 당신의 작품을 내려다보고 기뻐하기만 하는 분이 아니다. 그분은 우리들 각자에게 특별하고 예외적인 사랑을 베푸신다. 이 말씀이 우리 내면에서 다시 울리도록 하자.

"네가 나의 눈에 값지고 소중하며 내가 너를 사랑한다."

하느님의 이 무한한 사랑의 힘으로, 또한 아기들과 온 백성을 사랑하시는 그분의 변함없는 사랑의 힘으로 변화되도록 하자. 그러면 그때 하느님과 일치되어 빚어지고 엮어지는 아기를 향한 창조주의 사랑을 어렴풋하게나마 느낄 수 있을 것이다. 우리가 주님께 속하듯, 아기도 주님께 속한다(이사 43,1 참조). 우리를 사랑받고, 또 사랑할 수 있는 사람으로 변화시키는 이 생명의 말씀이 우리를 채우도록 그 안에 조용히 머무르자.

예비 어머니들은 이런 궁금증이 생길지도 모른다. '내가 그 아이를 사랑할 수 있을까? 어떻게 해야 다른 형제자매들과 똑같이 그 아이를 사랑할 수 있을까?' 어떤 어머니는 배 속의 아기를 사랑하는 마음이 금세 생길지도 모른다. 그러나 그 사랑이 조금 불분명한 형태로 천천히 드러나는 경우도 있다. 이렇듯 아기에 관한 사랑이 우러나오는 방식은 다 다르다.

"너는 나의 눈에 값지고 소중한 아이이며, 나는 너를 사랑한다."

편안한 마음으로 이 말씀을 되새기며 배 속의 아기에게도 이 말씀을 들려주자. "사랑해."라는 말을 해 본 적이 없다면 아기에게 이 말을 하는 것이 어려울 수도 있다. 하지만 하느님께서 그렇게 할 수 있도록 도와주실 것이다.

먼저 이 말씀이 우리 아기 속에서, 여성 속에서, 어머니 속에서 살아 움직이도록 고요히 머무르자. 이 말씀을 천천히 떠올리면서 마음에 새기자. 하느님은 우리를 사랑하신다. 그분의 눈에 우리는 값지고 소중한 존재다. 그리고 하느님은 그분이 가진 모든 것을 우리에게 주신다. 하느님이 주신 것 중에는 그분의 아드님도 있다. 성자는 십자가 위에서 죽음으로써 자신을 세상에, 우리 각자에게 내어 주셨다. 우리를 향한 하느님의 지극한 이 사랑을 묵상할 때, 우리도 성령의 도움을 받아 배 속의 아기에게 사랑의 말을 전할 수 있을 것이다.

우리는 아기가 누구를 닮을지, 어떤 성격일지, 어떻게 성장할지 아무것도 모른다. 그러나 그런 것들은 중요하지 않다. 사랑은 완전한 상태에서 나오는 것이 아니다. 하느님의 사랑은 자비로 가득 차 있다. 하느님은 우리가 방황할 때나, 잘못을 저지를 때나, 결점이 있을 때도 우리를 사랑하시며 나약할 때도 우리를 사랑하신다. 바오로 사도는 이렇게 말했다.

"내가 약할 때에 오히려 강하기 때문입니다."(2코린 12,10)

하느님은 우리의 나약함 안에 머무르기를 원하시며, 우리가 부끄러워 숨고 싶어 하는 곳에서조차 우리를 사랑하신다. 태아는 아직 작고, 약하다. 우리는 그 태아를 보호해야 하고, 애지중지 보살펴야 한다. 주님도 태아를 특별한 사랑으로 감싸신다. 그 특별한 사랑으로 태아가 우리에게 찾아온 것이니 그 아기가 자라서 무엇이 될지, 어떤 모습이 될지 미리 걱정하지 말고 아기를 사랑해야 한다. 우리 모두는 '하느님의 총애'를 받는다. 우리가 품은 모든 아기도 마찬가지다. 그는 소중한 존재로서 '우리의 총애'를 받아야 마땅하다.

이사야서에는 '두려워하지 마라.'라는 말씀이 두 번 나온다(이사 43,1.5 참조). 이 말씀 안에 머물면서 이번 묵상을 마치도록 하자. 이 말씀을 생각하며 우리를 주님 품에 맡겨 드리고, 우리 안에 있는 온갖 두려움도 몰아내자.

"네가 물 한가운데를 지난다 해도 나 너와 함께 있고 강을 지난다 해도 너를 덮치지 않게 하리라. 네가 불 한가운데를 걷는다 해도 너는 타지 않고 불꽃이 너를 태우지 못하리라."(이사 43,2)

아기를 위해서나 어머니를 위해서나, 출산 과정에서 이 말씀의 특별한 울림을 가슴에 새기자. 너무 빨리 앞서 가지 말고 두려움에 관한 이 주제를 마지막 달까지 남겨 두면서 시간이 해결하도록 내맡기자. 모성을 향한 우리 여정에 주님께서 늘 함께하신다는 믿음을 갖도록 하자.

주님은 우리를 버려두지 않겠다고 약속하셨다. 시온은 말했다. "주님께서 나를 버리셨다. 나의 주님께서 나를 잊으셨다."(이사 49,14) 그러나 주님은 이렇게 말씀하신다. "여인이 제 젖먹이를 잊을 수 있느냐? 제 몸에서 난 아기를 가엾이 여기지 않을 수 있느냐? 설령 여인들은 잊는다 하더라도 나는 너를 잊지 않는다."(이사 49,15) 하느님은 어머니보다 더 성실하시다. 불타오르는 주님의 사랑을 받아들이자. 그리고 우리가 자녀들을 사랑할 수 있도록, 우리 마음에서 두려움이 사라지게 해 주시도록 주님께 기도하며 맡겨 드리자.

나는 주님의 자녀입니다

우리는 이번 달 내내, 우리를 특별히 사랑하시어 우리를 선택하신 하느님, 우리 아기에게 성령을 부어 주시는(이사 44,1-5 참조) 생명의 창조주 하느님을 새롭게 묵상해 볼 수 있다. 주님께서는 두려워하지 말라고 재차 강조하신다. 주님이 우리와 함께하심에도 우리는 두려움에 빠질 수 있기 때문이다. 주님은 우리 후손들에게 성령을 부어 주시고, 우리의 새싹들에게 복을 부어 주시겠다고 약속하셨다(이사 44,3 참조). 이 약속은 우리로 하여금 아기들이 하느님의 뜨거운 사랑을 직접 체험하게 해 주십사 하고 기도하도록 용기를 줄 것이다. 우리 아기들도 언젠가는 "나는 주님께 속한다."라고, "나는 주님의 자녀다."라고 고백할 것이다.

주님,
당신의 무한한 사랑에 감사드립니다.
저를 창조하신 주님,
제가 주님의 눈에 값지고 소중한 존재임을
알게 해 주심에 감사드립니다.
주님께서는 주님의 창조 사업에 동참하도록 저를 선택하셨습니다.
저도 주님을 본받아, 제 아기와 또 이미 태어난 아이들에게
제가 그들을 얼마나 사랑하는지,
그들이 얼마나 값지고 소중한 존재인지
전할 수 있도록 하여 주소서.

주님,
그들은 제게 속하기 전에 주님께 먼저 속합니다.
그들이 주님의 자녀임을 항상 기억하게 하여 주소서.
제 마음속에서 두려움을 몰아내 주시고,
주님을 향한 신뢰와 사랑 안에서 성장할 수 있도록 이끌어 주소서.
아멘.

이달에는 아기를 위한 감사 기도를 바쳐 보세요.

17주

"그분께 희망을 두는 이는 아무도 약해지지 않는다."(1마카 2,61)

*18주

"참을성을 가지고 모든 사람을 대하십시오."(1테살 5,14)

19주

"행복한 날에는 행복하게 지내라. 불행한 날에는,
이 또한 행복한 날처럼 하느님께서 만드셨음을 생각하여라."(코헬 7,14)

20주

"서로 격려하고 저마다 남이 성장할 수 있도록 도와주십시오."(1테살 5,11)

묵상글

몸은 힘든데 하루 일과는 빡빡하기만 합니다.
가만히만 있어도 불편해서 편히 쉬지도 못합니다.
그럴 때일수록 아기와 함께하는 시간을
마련해 보시기 바랍니다.
이는 우리 삶의 질서를 되찾아 줄 것입니다.
아기와 함께하는 시간은 아기만을 위한 것이 아닙니다.
아기와 함께 하느님을 느끼며 온 가족이 모이는 그 몇 분은
하루의 괴로움을 씻어 주고,
우리가 삶을 충실히 살고 있다는 느낌을 줍니다.

누구든지 이 어린이처럼 자신을 낮추는 이
– 너를 왕처럼 극진히 대하라는 말씀

그때에 제자들이 예수님께 다가와, "하늘나라에서는 누가 가장 큰 사람입니까?" 하고 물었다.

그러자 예수님께서 어린이 하나를 불러 그들 가운데에 세우시고 이르셨다.

"내가 진실로 너희에게 말한다. 너희가 회개하여 어린이처럼 되지 않으면, 결코 하늘나라에 들어가지 못한다. 그러므로 누구든지 이 어린이처럼 자신을 낮추는 이가 하늘나라에서 가장 큰 사람이다. 또 누구든지 이런 어린이 하나를 내 이름으로 받아들이면 나를 받아들이는 것이다."

(마태 18,1-5)

예수님은 어린이처럼 되는 것이 하늘나라에 들어가는 조건이라며, 어린이처럼 되라고 말씀하셨다. 큰 사람이 되기 위해서는 어린이가 되어야 하며 자신을 겸손하게 낮추어야 한다. 성인이 다시 어린이가 될 수 있을까? 이 말은 니코데모가 예수님께 제기한 질문을 생각나게 한다.

"이미 늙은 사람이 어떻게 또 태어날 수 있겠습니까? 어머니 배 속에 다시 들어갔다가 태어날 수야 없지 않습니까?"(요한 3,4)

예수님은 그에게 하늘나라를 알기 위해서는 '위로부터 태어나야 한다'고 말씀하셨다. 이 비유를 이해하기 위해 부모에게 안긴 신생아를 생각해 보자. 아기는 부모 덕분에, 부모에게서 태어난다. 이때 정해진 기간을 채우지 못하고 세상에 나오면 생명이 위험해질 수 있다.

아기는 어머니의 도움으로 양분을 섭취하며 어머니와 정서적으로 깊은 교감을 나누기도 한다. 배를 어루만지는 어머니의 손길에 반응하며 어머니의 몸속에서 몸을 움직인다. 세상 밖으로 나와서도 마찬가지다. 아기 혼자서는 스스로 살지 못한다. 아기의 성장을 위해서는 누군가가 그를 돌보아야 한다. 먹이고 옷을 갈아입히고, 추위를 막아 주고 보듬어야 한다. 아기에게는 물질적인 면에서든 감정적인 면에서든, 아기가 원하는 것들을 사려 깊게 채워 줄 사람이 필요하다.

하느님은 우리에게 어떠하신가. 우리를 품에 안아 흔들어 재우시고 달래 주시며, 우리에게 필요한 것들을 매일매일 채워 주신다. 우리가 하느님을 아버지로 받아들이고, 모든 것을 그분께 의지할 때 우리는 그분의 아기가 된다. 우리를 살게 하시는 분은 하느님이다. 그분은 우리를 돌보시면서, 우리가 우리 삶을 온전히 그분께 맡기기를 기다리신다.

우리 혼자서 할 수 있는 일이 있을까? 하느님이 우리에게 은혜를 베풀어 주시지 않는다면, 스스로 할 수 있는 일은 아무것도 없다. 아기가 태 안에서 자라는 동안 겸손하게 우리 자신을 낮추자. 우리를 우리 아기 수준에 맞추자. 아기는 생존에 필요한 모든 것을 어머니로부터 받는다. 우리도 그렇게 주님께 의지하자. 주님이 우리를 먹이고, 흔들어 재우고, 양육하도록 맡겨 드리자.

"또 누구든지 이런 어린이 하나를 내 이름으로 받아들이면 나를 받아들이는 것이다."

우리는 이 말씀의 힘을 알고 있을까? 아기를, 어린이를 받아들이는 일과 예수님을 받아들이는 일은 같다. 우리는 새로운 생명을 통해 구세주의 거룩한 현존을 느낄 수 있다. 우리 아기를 받아들이고 환대하는 일은 주 예수님을 받아들이고 환대하는 것과 같다. 이는 특별한 신비다.

언젠가 어떤 여성이 자신은 아기를 아기 예수님인 듯 대하며 돌본다고 말한 적이 있다. 그녀의 말이 맞다! 우리는 우리 아기를 받아들임으로써 아기와 아기 안에 계시는 예수님의 거룩한 현존을 체험한다. 우리 구세주 예수 그리스도를 환대하듯 우리 아기를 환대하자. 우리의 오늘, 그리고 지금 이 순간에 찾아온 이 아기를 극진히 돌봐야 한다.

아기를 '왕'처럼 대하라는 말에 반감이 들 수도 있다. 어떤 의미에서는 그들의 말이 맞다. 그러나 이 '왕'은 자기 멋대로 행동하는 이가 아니다. 단연코 아니다. 작고, 보잘것없으며, 때로는 고통을 호소하고, 눈물을 흘리고, 소리를 지르고, 도움을 청하는 왕이다. 예수님은 모두의 위에 계시지만, 우리를 짓누르는 왕이 아니다. 그분은 스스로 종이 되셨다. 그분은 여인의 몸 안에서 육을 취하시어, 상처받기 쉬운 작은 아기가 되었다. 그러니 우리 아기를 가난하고 겸손한 예수님, 고통 중에 우리를 바라보시는 예수님으로 여기며 환대하자. 우리 몸이 그분을 받아들이는 감실이라고 생각해 보는 것이다.

아기가 세례를 받을 때 대부모를 세우려면 주님께 여쭤보자. 대부모는 예수님의 사랑으로 우리 아기를 받아들인다. 아기가 주님을 향하도록 키우기 위해 우리와 함께 수고할 사람이다. 우리 아기가 기쁨이나 의심, 또 어려움 중에 있을 때 아기와 함께해 줄 사람, 아기가 예수님을 알도록 도와줄 사람을 대부모로 정할 수 있도록 주님의 빛으로 밝혀 주십사 하고 청하자. 대부모를 정하는 일은 어렵다. 선택의 여지가 없을 때도 있고, 부부의 생각이 달라서 여러 날 고민을 하기도 한다. 하지만 대부모를 정하는 일은 아기에게 매우 중요하다. 성령께서 이 결정에 빛을 비추어 주십사 하고 기도하자.

가장 작은 이들 가운데 한 사람에게 해 준 것

이번 한 달은 최후의 심판과 하늘나라에서 환대받는 의로운 사람들에 관해 묵상해 보자.

"너희는 내가 굶주렸을 때에 먹을 것을 주었고, 내가 목말랐을 때에 마실 것을 주었으며, 내가 나그네였을 때에 따뜻이 맞아들였다. 또 내가 헐벗었을 때에 입을 것을 주었고, 내가 병들었을 때에 돌보아 주었으며, 내가 감옥에 있을 때에 찾아 주었다. 너희가 내 형제들인 이 가장 작은 이들 가운데 한 사람에게 해 준 것이 바로 나에게 해 준 것이다."(마태 25,35-40 참조)

어머니는 상처받기 쉽고 약한 아기에게 먹을 것을 주고, 마실 것을 주며, 아기가 태어날 때까지 그의 옷이 되어 준다. 우리 안에 받아들인 이 '타자'를 사람이 되시어 가장 평범한 우리 일상 안으로 찾아오신 예수님으로 여기며 극진히 보살피자.

주님,
가장 작은 이들을 존중하고
사랑해 주심에 감사드립니다.
아버지께서는 하늘나라의 문을 열어 주시고자
저희가 가장 작은 이가 되기를 바라십니다.
작은 이를 받아들이는 것이
예수님을 받아들이는 것임을 알게 하소서.
제 안에서 자라는 이 생명을
제 안에서 강생하신 주님인 듯 환대하게 하소서.

주님,
이 아기를 축복해 주시고, 주님의 손으로 어루만져 주소서.
이 작은 생명 안에 계신 주님을 기억하며 아기를 돌보게 하소서.
주님의 마음을 닮은 대부와 대모들도 생각해 주시어,
그들이 예수님의 사랑으로
우리 아기를 받아들이도록 하여 주소서.
아멘.

이달에는 아기의 대부모가 될 이들을 생각해 보세요.

21주

"주께서 너를 지켜 모든 액을 막으시고, 네 영혼을 지켜 주시리라. 이제부터 영원까지 그러하시리라."(《시편과 아가》 시편 121,7-8)

22주

"미움은 싸움을 일으키지만 사랑은 모든 허물을 덮어 준다."(잠언 10,12)

23주

"사랑받는 자녀답게 하느님을 본받는 사람이 되십시오."(에페 5,1)

*24주

"하느님은 너를 지키시는 분, 낮이면 해도 너를 해치지 못하고, 밤이면 달도 너를 해치지 못하리라."(《시편과 아가》 시편 121,5-6)

묵상 글

이 시기에 많은 부부가 다투기도 합니다.
이는 마음이 몸을 따라가기 때문에 발생하는 현상입니다.
몸이 편하지 않으니 상대방이 영 마음에 들지 않는 거지요.
불만을 그냥 두면 또 다른 불만을 불러일으킵니다.
그러니 지금부터라도 그를
하느님이 지으신 모습대로 겸손하게 보려고 노력해 보세요.
그리고 상대방이 나의 요구를 알아주기를 기다리지 말고
필요한 일을 구체적으로 요구해 보세요.

> **태 안에서 아기가 즐거워 뛰놀았습니다**
> – 내가 너에게 무엇을 느끼게 하는 거지?

    그 무렵에 마리아는 길을 떠나, 서둘러 유다 산악 지방에 있는 한 고을로 갔다. 그리고 즈카르야의 집에 들어가 엘리사벳에게 인사하였다. 엘리사벳이 마리아의 인사말을 들을 때 그의 태 안에서 아기가 뛰놀았다. 엘리사벳은 성령으로 가득 차 큰 소리로 외쳤다.
    "당신은 여인들 가운데에서 가장 복되시며 당신 태중의 아기도 복되십니다. 내 주님의 어머니께서 저에게 오시다니 어찌 된 일입니까? 보십시오, 당신의 인사말 소리가 제 귀에 들리자 저의 태 안에서 아기가 즐거워 뛰놀았습니다. 행복하십니다, 주님께서 하신 말씀이 이루어지리라고 믿으신 분!"
    그러자 마리아가 말하였다.
    "내 영혼이 주님을 찬송하고 내 마음이 나의 구원자 하느님 안에서 기뻐 뛰니 그분께서 당신 종의 비천함을 굽어보셨기 때문입니다. 이제부터 과연 모든 세대가 나를 행복하다 하리니 전능하신 분께서 나에게 큰일을 하셨기 때문입니다. 그분의 이름은 거룩하고 그분의 자비는 대대로 당신을 경외하는 이들에게 미칩니다. 그분께서는 당신 팔로 권능을 떨치시어 마음속 생각이 교만한 자들을 흩으셨습니다. 통치자들을 왕좌에서 끌어내리시고 비천한 이들을 들어 높이셨으며 굶주린 이들을 좋은 것으로 배불리시고 부유한 자들을 빈손으로 내치셨습니다. 당신의 자비를 기억하시어 당신 종 이스라엘을 거두어 주셨으니 우리 조상들에게 말씀하신 대로 그 자비가 아브라함과 그 후손에게 영원히 미칠 것입니다."

마리아는 석 달가량 엘리사벳과 함께 지내다가 자기 집으로 돌아갔다.

(루카 1,39-56)

마리아는 천사의 계시를 받은 후 사촌 언니 엘리사벳을 찾아간다. 엘리사벳이 임신한 지 여섯 달가량 되었을 때였다. 이 여인들의 만남을 상상해 보자. 그리고 몸에서 태동을 느끼기 시작한 우리도 이 말씀에 머물러 보자.

"엘리사벳이 마리아의 인사말을 들을 때 그의 태 안에서 아기가 뛰놀았다. 엘리사벳은 성령으로 가득 차 큰 소리로 외쳤다. '당신은 여인들 가운데에서 가장 복되시며 당신 태중의 아기도 복되십니다. 내 주님의 어머니께서 저에게 오시다니 어찌 된 일입니까? 보십시오, 당신의 인사말 소리가 제 귀에 들리자 저의 태 안에서 아기가 즐거워 뛰놀았습니다.'"

태 안에 있는 엘리사벳의 아기는 무슨 일이 일어나고 있는지 알았으며, '즐거워 뛰놀았다'. 어떻게 된 일일까? 그렇다. 태 안에 있는 아기들이 서로 통한 것이다.

우리 아기도 마찬가지다. 밖에서 일어나는 일들을 알고 있으며, 반응하고 움직인다. 특히 아기의 아버지, 어머니, 형제자매들이 배를 쓰다듬으며 아기와 소통하고자 할 때 그렇다. 아기는 자궁 밖에서 자신을 부르는 손을 몸으로 감싼다. 안과 밖에서 놀랍게도 소통이 이루어진다.

엘리사벳의 아기는 뭔가 중요한 일이 일어남을 느꼈고, 잠시 뒤 기뻐 뛰놀았다. 마리아가 임신한 아기가 평범하지 않음을 안 것이다. 성령으로 가득 차 있던 엘리사벳은 아기의 태동을 통해 마리아가 주님의 어머니임을 알아보았으며, 예수님이 이제 막 잉태되었음을 알았다. 얼마나 놀라운 일인가!

태아 요한이 마리아의 태 안에 계신 예수님의 현존을 느끼고 기뻐 뛰놀았던 것처럼 우리 태아도 주님의 현존을 느낄 수 있다. 이제부터 아기에게 예수님에 관해 말해 주고, 시편과 찬미가를 들려주는 것은 어떨까? 또 아기가 주님의 사랑을 받는 존재라고 말해 주자. 어머니가 예수님을 가깝게 느낄수록 아기도 주님의 이름을 들을 때 기뻐하며 뛰놀 것이다.

이제 우리 태 안에 숨어 있지만 이미 충만하게 존재하는 아기의 움직임을 잘 살피자. 태 안에서 느끼는 아기의 감정을 묵상하자. 우리는 종종 주변 사람들에게 실망하고, 또 어떤 사건이 일어나 슬픔이나 분노를 느낀다. 이때 지나치게 죄의식을 느끼지 않아야 좋다. 종종 이런 생각이 들 때가 있다.

"내가 지금 우리 아기에게 무엇을 느끼게 하는 거지?"

부정적인 감정도 삶의 일부다. 그런 감정을 완전히 잘라 내거나 우리 안에 묻어 두고 내색하지 않는 일은 어렵다. 감정 자체에는 좋고 나쁜 것이 없다. 단, 감정에 따른 행동에는 스스로 책임을 져야 한다. 임신 중에 여러 감정이 생기는 건 지극히 정상이다. 몇 초 사이에 기쁨에서 슬픔으로, 또 갑자기 의기소침한 상태로 변할 수 있다. 간혹 주변 사람들 때문에 화가 날 때도 있다.

이런 감정이 들어도 걱정하지 말고 모든 것을 아버지 손에 맡겨 드리자. 우리를 스쳐 가는 감정에 관해 아기가 부담을 느끼지 않도록 친절하게 설명해 주자. 주의 깊게 들어 줄 친구에게 소용돌이치는 여러 감정을 털어놓아도 좋다.

더 좋은 방법은 기도를 드리는 것이다. 우리가 품은 생명이 꽃필 때까지 아기와 손잡고, 우리에게 생명을 주신 그분을 향해 걸어가자. 그렇게 할 때 마침내 마리아가 부르는 찬미의 노래(루카 1,46-55 참조)에 공감하고 동참할 수 있다. 성령의 도움으로 마리아를 본받고, 그분이 우리 아기에게 놀라운 일을 해 주심에 감사드리자.

히브리에서는 새로 태어나는 아기를 위해 찬미가를 만드는 전통이 있었다. 우리도 마리아를 본받아 아기를 생각하며 느끼는 영적인 생각과 감정으로 기도하고 찬미할 수 있다.

각자의 방식으로 주님을 찬미하고 감사드리는 찬미가를 만들어 보자. 그리고 그 찬미가를 매일매일 노래하자. 임신 중에 경험하는 예민한 감정은 영적 차원을 지니기도 한다. 이 찬미가는 우리가 주님과 태어날 아기와 함께 체험하는 모든 것을 그대로 드러나게 해 줄 것이다.

사랑, 기쁨, 평화, 인내, 호의, 선의, 성실, 온유, 절제

우리 안의 감정을 묵상하려면 내적 움직임을 주의 깊게 살펴야 한다. 특히 어떤 감정이 우리를 위로하고, 어떤 감정이 우리를 슬픔에 빠지게 하는지 알아야 한다. 바오로 사도는 우리에게 성령의 인도를 받으라고 권한다. "우리는 성령으로 사는 사람들이므로 성령을 따라갑시다."(갈라 5,25)

성령의 아홉 가지 열매는 사랑, 기쁨, 평화, 인내, 호의, 선의, 성실, 온유, 절제다. 이것들은 우리 영혼에 큰 위로를 준다(갈라 5,22-26 참조).

우리는 성령의 인도를 받을 때 커다란 열정을, 의미 있는 영적 비약을 체험한다. 우리 마음은 활짝 열린다. 반대로 슬픔은 우리에게 고통과 절망을 안겨 준다. '그게 다 무슨 소용이 있는가?'라는 생각이 들지도 모른다. 어떤 성인은 '믿음의 밤'에 관해 언급하기도 한다. 어두운 밤은 수년 동안 지속되기도 한다.

슬픔이나 절망의 감정에 빠질 때 우리가 받은 위로를 기억하자. 거기에서부터 우리 감정을 객관적으로 바라볼 수 있게 된다. 아직 우리에게 일어나지 않은 일 때문에 마음을 심란하게 하지 말고, 현실에 닻을 내리자. 현실의 삶에서 열매를 맺도록 노력하면서, 성령께서 활동하시도록 맡겨 드리자.

주님,
엘리사벳의 태 안에서 자라던 요한에게
큰 기쁨을 불러일으키신 분이시여,
저도 제 안에서 아기의 태동을 느낍니다.
제게도 주님의 기쁨을 주소서.
아기의 태동이 사랑의 춤이 되게 하시고,
저희 두 사람이 주님을 향하도록 이끌어 주소서.
아기를 존엄하고 독보적인 존재로 존중하게 하시고,
아기는 안전하게 보호받고 있음을 느끼게 하소서.

주님,
불안을 느끼고 의기소침해지는 순간에도
그 모든 것을 주님께 맡기면서,

아기에게 두려워하지 말라고 말할 수 있게 하여 주소서.
성령께서 저에게 거룩한 찬미가를 부르게 하시어,
주님의 이름을 찬미하고,
제게 이루어 주신 놀라운 일들을 찬미하게 하소서.
아멘.

25주

"하느님께서 나에게 웃음을 가져다주셨구나."(창세 21,6)

26주

"주님, 저를 기억하시고 저를 살펴보아 주소서."(토빗 3,3)

27주

"자리에 드자마자, 단잠이 깊사오니, 든든히 살게 하심, 홀로 주님 덕이오이다."
(《시편과 아가》 시편 4,9)

28주

"얘야, 용기를 내어라. 하늘의 주님께서 너의 그 슬픔 대신에 이제는 기쁨을 주실 것이다. 얘야, 용기를 내어라."(토빗 7,17)

묵상 글

아기에 관해 많은 것을 생각하게 되는 시기입니다.
이렇게 어지러운 세상에 태어나
어떻게 자랄지 걱정이 앞서게 되지요.
그러한 걱정이 들 때면 주님께 모든 것을 맡겨 보세요.
주님께 그의 이름에 축복해 달라고,
그가 앞으로 할 일과 그가 세울 계획에
모두 강복해 달라고 빌어 보세요.
주님께서는 언제나 잊지 않으시고
당신의 청원에 응답하실 것입니다.

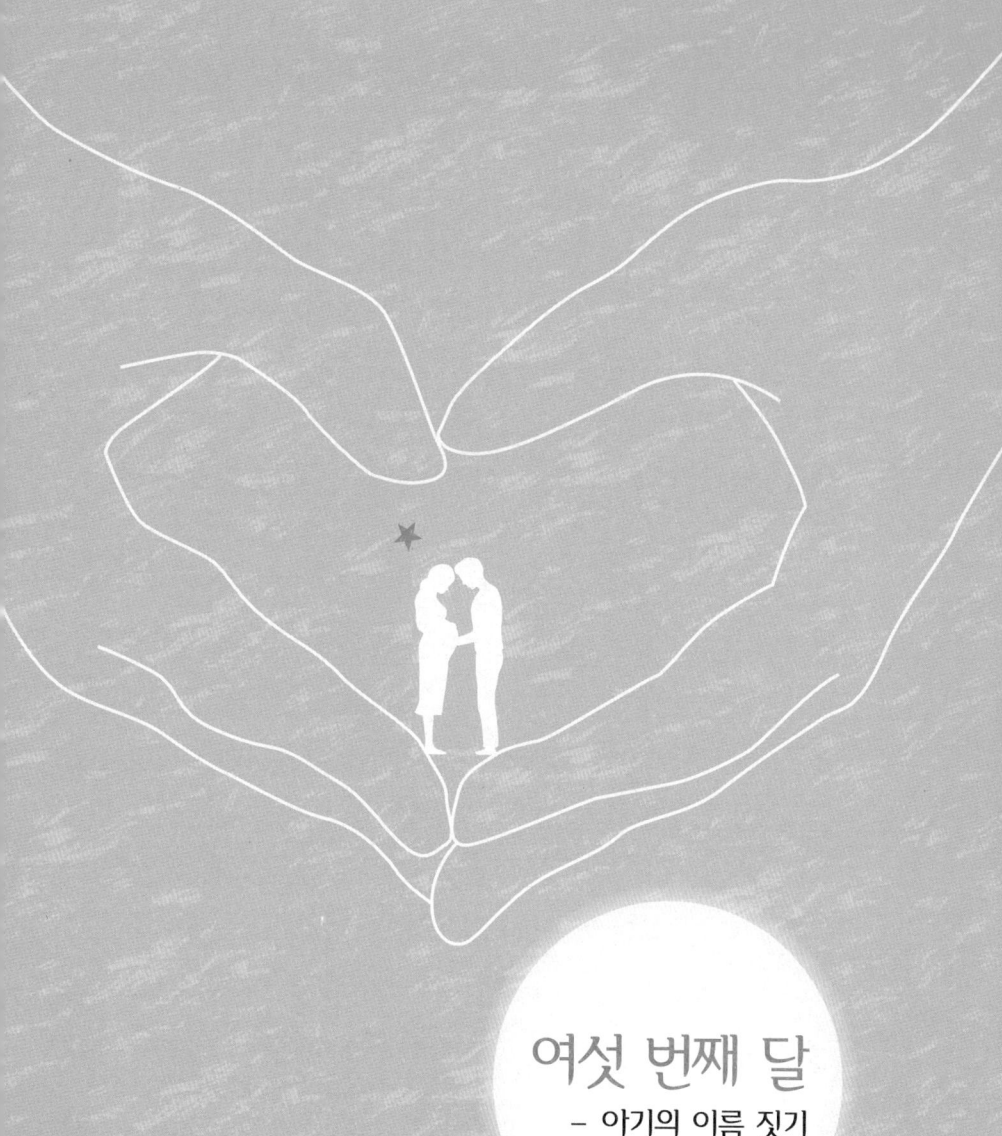

여섯 번째 달
– 아기의 이름 짓기

'그의 이름은 요한'이라고 썼다

— 성령의 빛을 받아 너의 이름을 짓다

엘리사벳은 해산달이 차서 아들을 낳았다. 이웃과 친척들은 주님께서 엘리사벳에게 큰 자비를 베푸셨다는 것을 듣고, 그와 함께 기뻐하였다.

여드레째 되는 날, 그들은 아기의 할례식에 갔다가 아버지의 이름을 따서 아기를 즈카르야라고 부르려 하였다.

그러나 아기 어머니는 "안 됩니다. 요한이라고 불러야 합니다." 하고 말하였다.

그들은 "당신의 친척 가운데에는 그런 이름을 가진 이가 없습니다." 하며, 그 아버지에게 아기의 이름을 무엇이라 하겠느냐고 손짓으로 물었다.

즈카르야는 글 쓰는 판을 달라고 하여 '그의 이름은 요한'이라고 썼다. 그러자 모두 놀라워하였다. 그때에 즈카르야는 즉시 입이 열리고 혀가 풀려 말을 하기 시작하면서 하느님을 찬미하였다. 그리하여 이웃이 모두 두려움에 휩싸였다. 그리고 이 모든 일이 유다의 온 산악 지방에서 화제가 되었다.

소문을 들은 이들은 모두 그것을 마음에 새기며, "이 아기가 대체 무엇이 될 것인가?" 하고 말하였다. 정녕 주님의 손길이 그를 보살피고 계셨던 것이다.

(루카 1,57-66)

이번 성경은 아기의 이름을 짓는 일에 관해 묵상하도록 초대한다. 즈카르야는 '그의 이름은 요한'이라고 하였다. 아기의 이름을 짓는 것은 쉬운 일이 아니다. 어떤 이들은 오래전에 아기의 이름을 미리 정해 놓는다. 또 어떤 이들은 부부 간의 생각이 달라 한참을 망설이기도 한다. 때로 주변에서 지어 준 이름 후보가 너무 많아서 행복한 고민에 빠지기도 한다.

이 묵상은 평생 사용할 아기의 이름을 정하는 것이 얼마나 중요한 일인지 생각해 보도록 한다. 성경에 보면 하느님께서 소명을 주실 때 새로운 이름을 부여하시기도 한다. 예를 들어, 예수님은 시몬에게 '베드로'라는 이름을 주시면서 그의 소명을 일깨워 주신다. 예수님은 "너는 베드로이다. 내가 이 반석 위에 내 교회를 세울 터인즉"(마태 16,18) 하고 말씀하시며, 막 태어난 교회에서 베드로가 맡아야 할 역할과 교회를 견고하게 지켜야 할 책임을 강조하셨다. 아브람을 '아브라함'으로 바꾸신 일도 있다. "너는 더 이상 아브람이라 불리지 않을 것이다. 이제 너의 이름은 아브라함이다. 내가 너를 많은 민족들의 아버지로 만들었기 때문이다."(창세 17,5) 또한 사라이를 '사라'로 바꾸신 일도 있다. "너의 아내 사라이를 더 이상 사라이라는 이름으로 부르지 마라. 사라가 그의 이름이다. 나는 그에게 복을 내리겠다. 그리고 네가 그에게서 아들을 얻게 해 주겠다."(창세 17,15-16)

수도자들이 수도원에 입회할 때도 새로운 이름을 받는다. 새로운 공동체에 소속되는 입회는 그들에게 새로운 탄생이나 마찬가지기 때문이다. 이렇듯 이름은 대단히 중요하다. 어떤 문화권에서는 아이의 개성이 드러날 때까지 기다렸다가 아이에게 잘 어울리는 이름을 지어 주기도 한다.

앞에서 함께 묵상한 성경 말씀을 떠올려 보자. 당시에는 아기의 이름을 아버지나 집안사람의 이름을 따서 붙였다. 그러니 친척 중에는 없던 '요한'이라는 이름은 당시 관습에 맞지 않았을 것이다. 다른 문화권에서도 비슷한 전통이 있었다. 가족임이 드러나도록 돌림자를 사용하기도 하고 똑같은 이름을 여러 세대에 걸쳐 붙이기도 했다. 그런데 요즘은 어떤가. 마음에 드는 이름이나 아기가 태어난 당시에 유행하는 이름, 또 남들은 잘 쓰지 않는 색다른 이름을 붙이기도 한다.

이름은 중요하다. 아기에게 이름이 지어지고, 그 이름으로 불리는 것은 어떤 의미일까? 이름을 짓는 일은 세상에 찾아온 아기에게 주는 선물이다. 다시 성경 말씀으로 돌아가 보자. 아기의 부모는 당시 관습을 따르지 않고 '요한'이라는 이름을 원했다. 그리고 바로 그 순간, 즈카르야가 다시 말을 할 수 있게 되었다. 이 일은 하느님께서 정해진 어떤 순간을 선택하셨다는 것을 말해 준다. '이름'을 말함으로써 다시 말할 수 있게 된 것이다.

즈카르야는 장차 '주님의 길을 마련할' 사람이 될 자신의 아들 덕분에 하느님의 계획에 포함되었다. 한처음에 하느님께서 말씀으로 하늘과 땅을 창조하셨다. '하느님께서 말씀하시자 모든 것이 그대로 되었다.'(창세 1,3-24 참조)

그런 뒤, 하느님께서는 당신이 창조하신 것에 이름 지을 권한을 사람에게 주셨다. "이렇게 사람은 모든 집짐승과 하늘의 새와 모든 들짐승에게 이름을 붙여 주었다."(창세 2,20) 그리하여 아담은 땅 위에 존재하는 모든 것들의 이름을 지었으며, 여자의 이름까지 지었다. "이야말로 내 뼈에서 나온 뼈요 내 살에서 나온 살이로구나! 남자에게서 나왔으니 여자라 불리리라."(창세 2,23)

이름은 생명체나 사물이 그 자신으로 존재하도록 한다. 이름은 그 존재에 의미를 부여한다. 우연히 지어진 이름은 없다. 성경에서 사람이 생명체나 사물에 이름을 붙였던 일을 생각해 보자. 하느님께서는 요셉에게 말씀하셨다. "마리아가 아들을 낳으리니 그 이름을 예수라고 하여라."(마태 1,21) 또한 사람들은 즈카르야에게 아기의 이름을 무엇이라 하겠느냐고 물었다. 당시 이름을 짓는 일은 아버지의 특권이었다. 부부 모두가 아기의 이름을 깊이 생각해야겠지만, 어머니가 아기를 낳고 아버지가 아기의 특징을 살려 이름 지음으로써 아기를 존재하게 한다고 믿었기 때문이다. 이 일을 통해 아버지도 아기를 하나의 존재로 인정하면서 '태어나게' 했다. 이렇게 아기는 어머니와 아버지의 보살핌 아래서 성장한다.

좋은 이름을 찾을 수 있도록 부부가 함께 기도드리자. 시간을 갖고 깊이 생각하면서 주님께서 정해 주시도록 맡겨 드리자. 성령께서 우리에게 빛을 비춰 주시도록 청하자. 부부가 함께 의논하여 주님의 뜻과 이름의 의미를 잘 생각하자. 아기가 성장한 뒤 자신의 이름을 어떻게 지었는지 궁금해할 때가 올 수도 있다. 그때 설명을 잘해 주면 자녀는 부모가 자신에게 관심이 얼마나 많은지 알고 기뻐할 것이다.

당신이 아기에게 지어 준 이름은 아기의 삶에 동반자가 되고, 그 일생을 지탱할 힘을 줄 것이다. 성령의 빛을 받아 아기의 이름을 정하기 바란다.

아무도 모르는 새 이름이 새겨져 있다

하늘나라에 가서야 하느님께서 지어 주신 우리의 진정한 이름이 무엇인지 알 수 있다는 것을 알려 주는 요한 묵시록 말씀을 읽으면서 묵상해 보자. "승리하는 사람에게는 숨겨진 만나를 주고 흰 돌도 주겠다. 그 돌에는 그것을 받는 사람 말고는 아무도 모르는 새 이름이 새겨져 있다."(묵시 2,17) 이 이름은 우리 각자에게 주어진 특별한 이름이 될 것이다. 이 이름은 하느님이 우리에게 새겨 주신 하느님의 인호라고 볼 수도 있다. 놀랍고도 빛나는 이 이름은 하느님이 우리를 어떻게 보고 계시는지 알게 해 준다.

주님,
아기에게 지어 줄 이름을 당신께 맡깁니다.
성령의 뜻을 받아 이름을 짓게 하시고,
아기가 그 이름으로 불릴 때 기뻐하게 하소서.
저희 이름으로 저희를 부르시는 주님,
내면 깊은 곳까지 저희를 아시는 주님,
찬미받으소서.

주님,
주님은 마리아 막달레나를 주님 부활의 증인으로 선택하시어
마리아의 이름을 부르셨고,
마리아도 그 순간 주님을 알아보았습니다.
저희도 저희 이름을 부르는 주님의 음성을 알아듣게 하시고,
주님의 부르심에 곧바로 응답하게 하여 주소서.
아멘.

이달에는 아기의 이름 후보를 적어 보세요.

29주

"내 마음이 당신을 향하여 있사오니, 주여 이 종의 영혼에게 기쁨을 주소서."
(《시편과 아가》 시편 86,4)

30주

"당신은 용서의 하느님 너그럽고 자비하신 분 분노에 더디시고 자애가 많으신 분!"(느헤 9,17)

31주

"두려워하지 마라. 내가 너를 도와주리라."(이사 41,13)

32주

"내 목청 높여서 주께 부르짖을 때 거룩한 그 산에서 들어 주셨나이다."
(《시편과 아가》 시편 3,5)

묵상 글

"내일을 걱정하지 마라.
내일 걱정은 내일이 할 것이다."(마태 6,34)
이 말씀을 기억하세요.
불가능한 일은 하느님이 맡으실 것입니다.
모든 것을 잘하려고 할 필요는 없습니다.
우리는 우리가 할 수 있는 있는 일을 하며,
그분과 함께 한 걸음씩 걸어가면 됩니다.

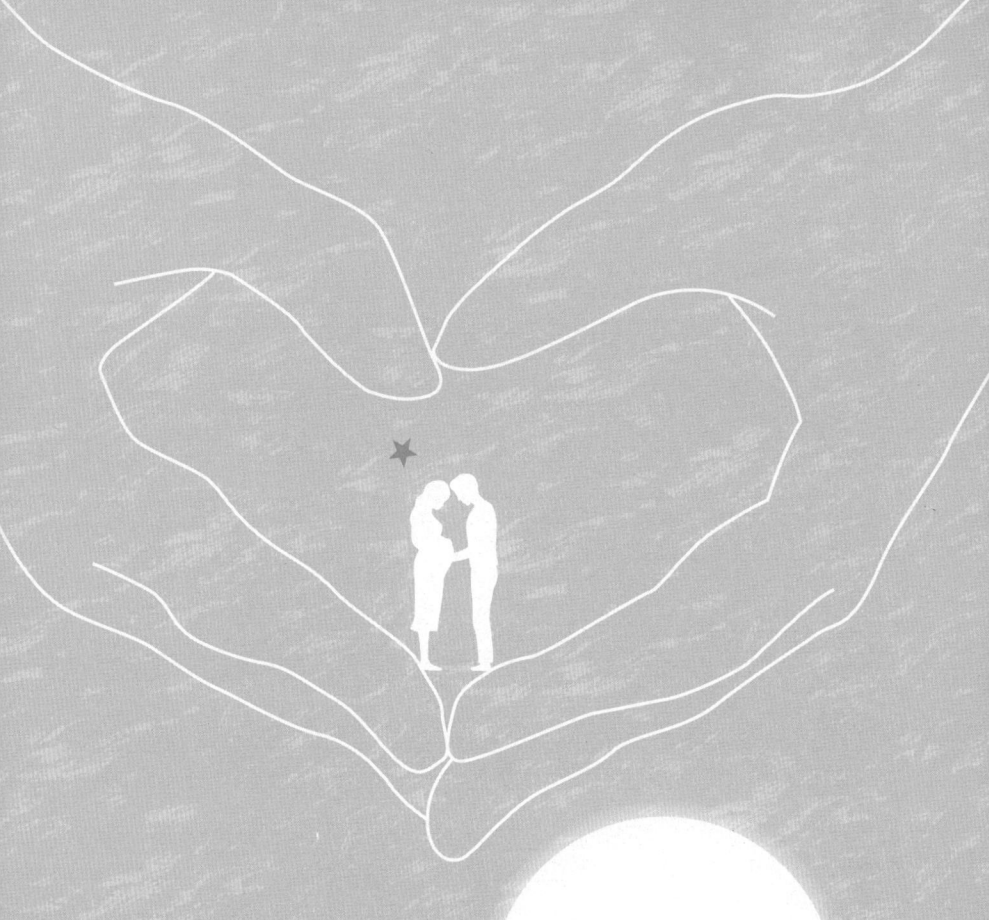

왜 겁을 내느냐? 이 믿음이 약한 자들아!

– 너를 만나기 위해 '풍랑'을 맞이할 준비

예수님께서 배에 오르시자 제자들도 그분을 따랐다. 그때 호수에 큰 풍랑이 일어 배가 파도에 뒤덮이게 되었다. 그런데도 예수님께서는 주무시고 계셨다.

제자들이 다가가 예수님을 깨우며, "주님, 구해 주십시오. 저희가 죽게 되었습니다." 하였다.

그러자 그분은 "왜 겁을 내느냐? 이 믿음이 약한 자들아!" 하고 말씀하셨다. 그런 다음 일어나셔서 바람과 호수를 꾸짖으셨다. 그러자 아주 고요해졌다.

그 사람들은 놀라워하며 말하였다.

"이분이 어떤 분이시기에 바람과 호수까지 복종하는가?"

(마태 8,23-27)

아기가 세상에 나올 시간이 점점 다가오고 있다. 아기를 빨리 보고 싶은 마음도 있지만, 그보다 더 큰 두려움에 빠져 있을 것이다. 시련의 한가운데에 서 있기도 할 것이다. 원죄의 결과인 "나는 네가 임신하여 커다란 고통을 겪게 하리라. 너는 괴로움 속에서 자식들을 낳으리라."(창세 3,16)라는 말씀은 우리를 두려움에 더 빠지게 한다. 그렇다면 출산의 고통은 숙명일까?

묵상을 계속하기 전에 마태오 복음서에 나오는 고요한 호수에 풍랑이 휘몰아치는 장면을 생각해 보자. 호수의 풍랑은 그 무엇으로도 가라앉힐 수 없을 만큼 세다. 성난 파도의 소용돌이, 도저히 통제할 수 없을 것 같은 물결, 맞서기에는 너무 강해서 꼭 휩쓸려 갈 것 같아 두려울 뿐이다.

우리도 이 같은 상황에 서 있다. 여성의 삶에서 출산은 절정의 순간이다. 그 순간은 결코 잊히지 않고 평생 기억된다. 여성들은 출산했던 경험을 이야기할 때 아주 사소한 것까지 다 기억한다. 비록 이상적인 모습은 아니지만, 각자의 경험은 유일하며 특별하다. 어떤 모습으로 출산을 겪을지는 모르지만, 아기와의 만남으로 인도해 주는 이 '풍랑'을 맞이할 준비를 해야 한다. 아무리 환경이나 조건이 좋아도, 우리 태에서 나오는 아기가 이 풍랑의 원인인 것은 틀림없다. 산모는 온몸으로 아기를 낳는다. 아기가 나오기를 기다리면서 온몸을 세세히 움직인다.

말씀을 다시 읽어 보면, 예수님께서는 잠들어 계셨다. 잠시 그 장면을 상상해 보자. 배 안으로 물이 계속 밀려들고, 제자들은 겁에 잔뜩 질려 있다. 제자들의 절규를 들어 보자.

"주님, 구해 주십시오. 저희가 죽게 되었습니다."

마치 그들의 절망이 보이는 것 같다. 배 안으로 들이치는 파도, 세찬 바람 소리, 으르렁거리며 요동치는 호수를 보며 어떻게 공포에 떨지 않을 수 있을까? 죽음이 눈앞에 다가왔다. 그런데도 예수님은 주무신다. 우리라도 그분을 흔들어 깨우고 싶은 마음이 들 것이다.

"주님, 어디 계십니까? 제가 곧 죽게 되었는데, 주님은 주무시고 계십니까? 어서 깨어나십시오!"

제자들이 예수님께 아우성치고 있다. 물이 배 안으로 더 밀려들고 있다. 자, 이제 제자들 때문에 잠에서 깬 예수님의 모습을 바라보자. 예수님께서 제자들에게 태연하게 물으신다.

"왜 겁을 내느냐?"

그러고는 호수와 바람을 준엄하게 꾸짖으신다. 순간 주변이 고요해졌다. 이를 본 제자들은 놀라서 주저앉았다. 어떻게 이런 일이 일어날 수 있을까?

이 대목은 예수님에 관해 많은 것을 말해 준다. 겁에 질린 제자들의 자리에 우리를 대입시키고, 우리에게 물으시는 예수님의 질문을 들어 보자.

"왜 겁을 내느냐?"

우리의 믿음은 어디로 갔을까? 예수님은 한 순간에 모든 것을 제압할 수 있는 분임을 알고 있다. 그런데 왜 우리는 먼저 예수님을 찾지 못할까?

고통은 커다란 신비로 우리를 무력함에 빠뜨리기도 한다. 우리도 제자들처럼 말할 수 있다.

"제가 고통을 당하는데, 주님은 어디에 계십니까? 주무시고 계십니까?"

하지만 생각해 보자. 예수님께서는 분명히 배 안에 계셨다. 그분도 거센 풍랑과 휘몰아치는 소용돌이를 겪으셨다. 그런데 그분의 태도는 달랐다. 그분은 평화롭게, 두려움 없이 주무셨다. 그분은 모든 폭발 속에서도 고요하셨다.

온갖 시련 속에서 절망과 씨름하며 사는 우리들을 생각해 보자. 배 안에 있어도 두려워하지 말자. 주님께서 우리 배에 함께 계신다. 아기를 낳으면 맞게 될 풍랑이 아무리 격렬해도 두려워하지 말자. 새로운 생명이 태어나는 순간에도 예수님께서 함께하신다. 그분의 품에 안겨 우리 자신을 잊어버리자. 파도의 거품처럼 진통이 지나가도록 내버려 두면서 멀리 떨어져서 바라보자. 진통이 찾아와 우리를 괴롭히겠지만, 그것에 사로잡히지 말자. 진통에 사로잡히면 그것이 우리를 전복시키거나 침몰시킬 수 있다. 차라리 진통의 리듬에 맞춰 함께 움직이자. 우리가 진통과 동행하고 그것의 뒤를 따라갈 때, 우리 아기는 진통의 역류를 헤치고 나올 것이다. 긴 어둠의 터널을 뚫고 우리를 만나러 올 것이다. 예수님은 우리와 함께 기다리시며, 태어나는 아기를 보고 환영하실 것이다.

고통 없이는 출산에서 벗어날 수 없다. 우리는 같은 여성이지만 각자 고유한 존재다. 아기의 탄생은 우리를 어머니로 만들며, 아기는 매번 새롭고도 생소한 몸짓으로 우리를 이끈다. 고통을 고통으로 바라보지 않을 때, 고통은 전혀 다른 의미로 다가올 것이다. 고통은 우리의 반대편에 있지 않다. 고통은 언제 어디서나 우리와 함께 있다. 우리를 태어나게 하는 것이 바로 고통이기 때문이다.

출산을 통해 주님을 뵙는 시간

다음 구절을 묵상해 보자.

"우리는 모든 피조물이 지금까지 다 함께 탄식하며 진통을 겪고 있음을 알고 있습니다."(로마 8,22)

바오로 사도는 모든 피조물이 약속된 구원을 기다리고 있다고, 즉 영원한 삶을 기다리고 있다고 말한다(로마 8,18-27 참조). 신뢰를 가지고 어머니의 태에서 세상 밖으로 나오는 아기처럼 우리도 이 세상에서 하늘나라로 가게 될 것이라고 확신해야 한다. 그것이 우리가 창조된 목적이다.

출산은 아기에게나 어머니에게나 해방이다. 아기도 출산 때 땅이 진동하는 듯한 고통을 겪는다. 이 모든 것은 생명이 태어나는 데 필요한 과정이다. 아기와 만나기 위해서는 아홉 달이 넘는 오랜 기간을 기다리고 또 기다려야 한다. 우리도 그 기다림을 통해 태어났다. 우리는 이 출산을 통해 주님과 만나기 위한 기다림을 새롭게 이해할 수 있다. 우리는 '얼굴과 얼굴을 맞대고' 주님을 뵙게 될 것이다.

주님,

주님은 힘든 고통을 겪으셨습니다.

사람들을 불러 모으고자 기꺼이 고난을 건너셨습니다.

다가올 출산의 시간을 주님 두 손에 맡겨 드립니다.

저와 아기가 힘을 합해

아기가 이 세상으로 향할 수 있게 하시고,

제 몸을 활짝 열어 주시어

아기가 세상 밖으로 나올 수 있도록 하여 주소서.

출산하는 모든 과정에 함께하여 주시고,

그 일을 통해 저 또한

새로 태어날 수 있도록 하여 주소서.

주님,

풍랑이 심할 때에도 믿음으로 나아가게 하소서.

주님이 매 순간 저와 함께하시며,

저를 홀로 버려두지 않음을 굳게 믿게 하소서.

저희 만남을 참다운 사랑의 만남으로 이끌어 주시고,

그 만남에 주님도 함께하여 주소서.

아멘.

이달에는 고통에 관한 두려움을 적어 주님께 봉헌해 보세요.

33주

"모든 일에서 너 자신을 지켜라."(집회 32,23)

34주

"정녕 그들은 나의 백성, 나를 실망시키지 않을 자녀들이다."(이사 63,8)

35주

"그지없이 사랑하나이다 하느님 내 힘이시여."(《시편과 아가》 시편 18,2)

36주

"무엇보다도 먼저 서로 한결같이 사랑하십시오. 사랑은 많은 죄를 덮어 줍니다."
(1베드 4,8)

묵상글

어떤 일을 하려는데 배 속의 아기가 걱정이 되나요?
그러다 보면 이런저런 핑계를 대면서
아무것도 하지 않게 됩니다.
이렇게 되면 우리는 양심의 가책을 느끼게 됩니다.
기분도 우울해지지요.
하고 싶은 일이 있다면
망설이지 말고 바로 실행하세요.
물론 임신하기 전보다 잘할 수는 없을 것입니다.
그러나 그 일에 시간을 냈다는 것 자체로
힘을 얻을 수 있지요.

마리아는 해산 날이 되어, 첫아들을 낳았다

- 너를 위해 무엇을 준비해야 할까?

그 무렵 아우구스투스 황제에게서 칙령이 내려, 온 세상이 호적 등록을 하게 되었다. 이 첫 번째 호적 등록은 퀴리니우스가 시리아 총독으로 있을 때에 실시되었다. 그래서 모두 호적 등록을 하러 저마다 자기 본향으로 갔다.

요셉도 갈릴래아 지방 나자렛 고을을 떠나 유다 지방, 베들레헴이라고 불리는 다윗 고을로 올라갔다. 그가 다윗 집안의 자손이었기 때문이다. 그는 자기와 약혼한 마리아와 함께 호적 등록을 하러 갔는데, 마리아는 임신 중이었다.

그들이 거기에 머무르는 동안 마리아는 해산 날이 되어, 첫아들을 낳았다. 그들은 아기를 포대기에 싸서 구유에 뉘었다. 여관에는 그들이 들어갈 자리가 없었던 것이다.

그 고장에는 들에 살면서 밤에도 양 떼를 지키는 목자들이 있었다. 그런데 주님의 천사가 다가오고 주님의 영광이 그 목자들의 둘레를 비추었다. 그들은 몹시 두려워하였다. 그러자 천사가 그들에게 말하였다.

"두려워하지 마라. 보라, 나는 온 백성에게 큰 기쁨이 될 소식을 너희에게 전한다. 오늘 너희를 위하여 다윗 고을에서 구원자가 태어나셨으니, 주 그리스도이시다. 너희는 포대기에 싸여 구유에 누워 있는 아기를 보게 될 터인데, 그것이 너희를 위한 표징이다."

그때에 갑자기 그 천사 곁에 수많은 하늘의 군대가 나타나 하느님을 이렇게 찬미하였다.

"지극히 높은 곳에서는 하느님께 영광 땅에서는 그분 마음에 드는 사람들에게 평화!"

천사들이 하늘로 떠나가자 목자들은 서로 말하였다.

"베들레헴으로 가서 주님께서 우리에게 알려 주신 그 일, 그곳에서 일어난 일을 봅시다."

그리고 서둘러 가서, 마리아와 요셉과 구유에 누운 아기를 찾아냈다. 목자들은 아기를 보고 나서, 그 아기에 관하여 들은 말을 알려 주었다. 그것을 들은 이들은 모두 목자들이 자기들에게 전한 말에 놀라워하였다.

그러나 마리아는 이 모든 일을 마음속에 간직하고 곰곰이 되새겼다. 목자들은 천사가 자기들에게 말한 대로 듣고 본 모든 것에 대하여 하느님을 찬양하고 찬미하며 돌아갔다.

(루카 2,1-20)

이제 예수님의 탄생에 관해 묵상해 보자. 루카 복음서 2장 4-7절까지 내용을 가만히 들여다보면 크나큰 고요함을 느낄 수 있다. 하지만 이 고요함이 어떤 사건에서 나온 것은 아니었다. 사건은 보통 우리 마음을 산란하게 하기 때문이다.

마리아와 요셉 부부를 바라보자. 마리아와 요셉 부부는 아기를 낳기 위해 여관에 갔지만 방이 없었고, 마리아는 결국 마구간에서 아기를 낳을 처지에 놓였다. 우리가 이런 상황이었다면 마음이 어땠을까?

마리아의 궁핍한 상태와 그녀의 마음을 들여다보자. 세상을 구원하러 오신 아기 예수님이 구유에 누워 계신 모습도 바라보자. 아기 예수님은 짐승의 여물을 담는 통 안에 누워 계신다. 그분은 장차 '생명의 빵'이 되실 것이고, 주일마다 영하는 성체가 되실 것이다.

하느님의 계획은 완전하게 실현되었다. 이루어지지 않은 것이 아무것도 없다. 예언들도 완성되었으며 모든 사건들은 의미를 갖추게 되었다. 그렇다면 예수님의 탄생 사건에서 느껴지는 이 '고요'는 대체 어디에서 온 것일까?

자, 먼저 우리 자신에게 물어보자. 당신에게 가장 중요한 것은 무엇인가? 당신은 아기를 낳기 전에 모든 것을 완벽하게 준비하고 싶을 것이다. 주변에서 해 주는 훌륭한 조언에 귀 기울이며 스스로 부족함 없는 엄마가 되고 싶은 마음이 들기도 한다. 방에 벽지를 새로 바르고, 임산부용 옷, 파자마, 양말 등 출산한 뒤 필요한 물건을 넉넉하게 준비하고 싶을 수도 있다. 이 모든 것을 세심하고 구체적으로 준비하고 또 준비할 것이다.

물론 이 모든 준비가 필요 없는 것은 아니다. 다만 아기를 환영하기 위해서는 물질적인 것뿐만 아니라, 정신적으로도 준비해야 한다. 또한 아기에게 무엇이 가장 필요할까 생각해 보아야 한다. 아무리 물질적인 것들을 완벽하게 준비했어도 가장 중요한 것이 남아 있다.

볼품없고 비천한 구유에서 새어 나온 거룩하고 평화로운 빛을 생각하며, 우리 앞에 있는 현실과 조건을 평화롭게 받아들이자. 평화는 외적인 조건에 있지 않고, 우리 마음에 있다. 평화는 움직이는 데 있지 않고, 존재 자체에 있다. 그러므로 필요한 것을 세심하게 준비하면서 '존재하는' 것을 중요하게 여기며, 평화와 단순함에 기대 보자. 그럴 때 우리는 참다운 기쁨을 얻을 수 있다.

우리는 침묵 속에서, 내면과 관계에 도움이 되는 것을 추구하면서 일상을 살아간다. 이때 기도는 선택 사항이 아니다. 아기를 맞이하기 위해 준비해야 할 가장 중요한 본질이다.

이제 목동들의 마음을 헤아려 보자. 주님의 탄생 소식을 처음으로 알고, 두려움에 질려 있던 비천한 사람들……. 그들은 큰 두려움에 사로잡혀 있었다. 우리도 두려움에 사로잡히곤 한다. 그래서 우리는 '아기를 맞이할 준비는 다 되었을까?', '아기를 잘 돌볼 수 있을까?', '중요한 것을 잊어버리지는 않았을까?' 등 많은 질문을 하게 되고, 이 질문들은 우리를 불안하게 한다.

천사는 목동들에게 "두려워하지 마라."라고 하였다. 이 말을 마음에 새기고 또 새겨 보기를 바란다. 천사들은 하느님을 찬미하면서, 하느님께서 '그분 마음에 드는 사람들에게 평화'를 주신다고 하였다. 하느님께서 우리를 사랑하시도록, 우리를 바라보시도록, 그리고 우리의 아기를 사랑하시고 바라보시도록 고요히 머무르자. 그러면 하늘나라도 우리 아기의 출산을 우리와 함께 기뻐할 것이다!

마리아처럼 이 모든 사건들을 마음에 간직하고 기억할 수 있다면 더 큰 축복은 없다. 가능하면 "마리아는 이 모든 일을 마음속에 간직하고 곰곰이 되새겼다."라는 구절을 외워서, 아기를 낳는 순간에 기억하도록 하자. 아기를 낳는 순간에는 모든 것을 체념하게 되고, 상황을 스스로 통제할 능력도 없다. 우리의 비천함과 무능력함을 상징하는 장소인 '구유'를 받아들이고, 구유에 순응하도록 하자.

자신이 아무것도 통제할 수 없고, 완벽하게 준비할 수도 없는 현실을 인정하기란 쉽지 않다. 그래서 더욱 남들 앞에서 평온하게 보이거나 모든 것이 괜찮은 것처럼 행동하려고 애쓴다. 그렇지만 우리는 약하기에 속으로는 의연하지 못한다. 아기를 낳는다는 것은 본연의 의미로든 외적으로든 우리를 벌거벗게 한다. 그러니 스스로를 보호하기 위해 두르고 있는 갑옷과 가면을 당당히 벗어야 한다.

구유의 아기 예수님은 자신을 비천하고 나약한 자로 인식하는 작은 이들에 관한 사랑을 표명하셨다. 그분은 우리 안에 감춰진 가장 취약한 곳에서 당신의 존재를 드러내셨다. 후에 그분은 이렇게 말씀하신다.

"건강한 이들에게는 의사가 필요하지 않으나 병든 이들에게는 필요하다." (루카 5,31)

바오로 사도도 이렇게 말했다.

"내가 약할 때에 오히려 강하기 때문입니다."(2코린 12,10)

우리가 예수, 마리아, 요셉처럼 스스로를 벗어 버리고, 우리 내면의 가장 비천한 곳으로 내려갈 수 있다면 이는 큰 은총이다. 예수님께서는 우리 안에 사시기 위해 우리를 찾아오셨다. 그렇기 때문에 우리도 있는 그대로의 우리 모습을 그분께 보여 드릴 수 있는 것이다. 그때 우리는 단순하게 사는 목자들처럼 주님의 영광을 찬미하는 천사들의 노래를 들을 수 있다. 아기가 태어나면, 기뻐하며 천사들과 함께 찬미 노래 부르자! 새로운 생명 하나가 지상에서 삶을 시작함에 감사드리자.

일상 속에서 그분을 바라보는 시간

이번 묵상을 마무리하기 위해 마르타와 마리아가 등장하는 말씀을 읽고 기도할 수 있다. "마르타야, 마르타야! 너는 많은 일을 염려하고 걱정하는구나. 그러나 필요한 것은 한 가지뿐이다. 마리아는 좋은 몫을 선택하였다. 그리고 그것을 빼앗기지 않을 것이다."(루카 10,41-42) 출산을 위한 마지막 준비를 할 즈음에는 마음이 조급하고 쉽게 동요된다. 그때 무엇이 가장 중요한지 기억하자. 무엇이 우리 아기를 가장 깊고 진실한 방식으로 만나게 하는

지 잊지 말자. 예수님의 말씀을 듣는 시간을 마련하고, 그분의 말씀에서 힘을 얻자. 일상 속에서 그분을 바라보는 시간을 기쁜 마음으로 맞이하자. 그분의 말씀을 성실하게 묵상하고, 그분과 의미 있는 만남을 가져 보자.

주님,
마구간에 누인 아기의 모습으로 오신 온유한 예수님,
주님은 매일매일 저를 양육하십니다.
우리 아기를 기다리며
물질적인 준비로만 마음을 채우지 않게 하소서.
가장 좋은 몫은 주님 곁에 머무는 것임을 깨닫게 하소서.

주님,
마음속에서 일어나고 있는 온갖 소란과
저를 사로잡는 큰 두려움을
당신의 고요함으로 이끌어 주소서.

큰 소용돌이가 일어나는 마음 깊은 곳을
주님이 주시고자 하는 평화로 채워 주소서.

비천하고 작은 이들의 하느님,
천사들과 함께 하느님을 찬미하고 찬양하게 하소서.
아멘.

이달에는 곧 만날 아기를 위한 선물을 적어 보세요.

37주

"하느님께서 보시니 손수 만드신 모든 것이 참 좋았다."(창세 1,31)

38주

하느님이 우리를 사랑하심은 우리가 사랑받을 가치가 있어서가 아니라 그분이 사랑이시기 때문입니다. — C. S. 루이스

39주

"너희는 세상의 소금이다."(마태 5,13)

*40주

누군가를 사랑함은 하느님이 지으신 모습대로 그를 바라본다는 의미입니다.
— 도스토옙스키

묵상 글

우리가 자주 힘을 충전하지 않으면
결국 기운이 떨어져 버리고 말 것입니다.
그리고 힘을 재충전하는 데에는
묵상이 가장 좋은 방법이지요.
어떻게 묵상해야 할지 고민하지 마세요.
생각과 감정이 떠오르는 대로 그냥 두세요.
침묵하면 마음속도 고요해집니다.
그러면 고요한 마음속에서 성령의 샘물이 솟아납니다.
그 마르지 않는 샘물로 목을 축이고
새로운 힘을 내시기 바랍니다.

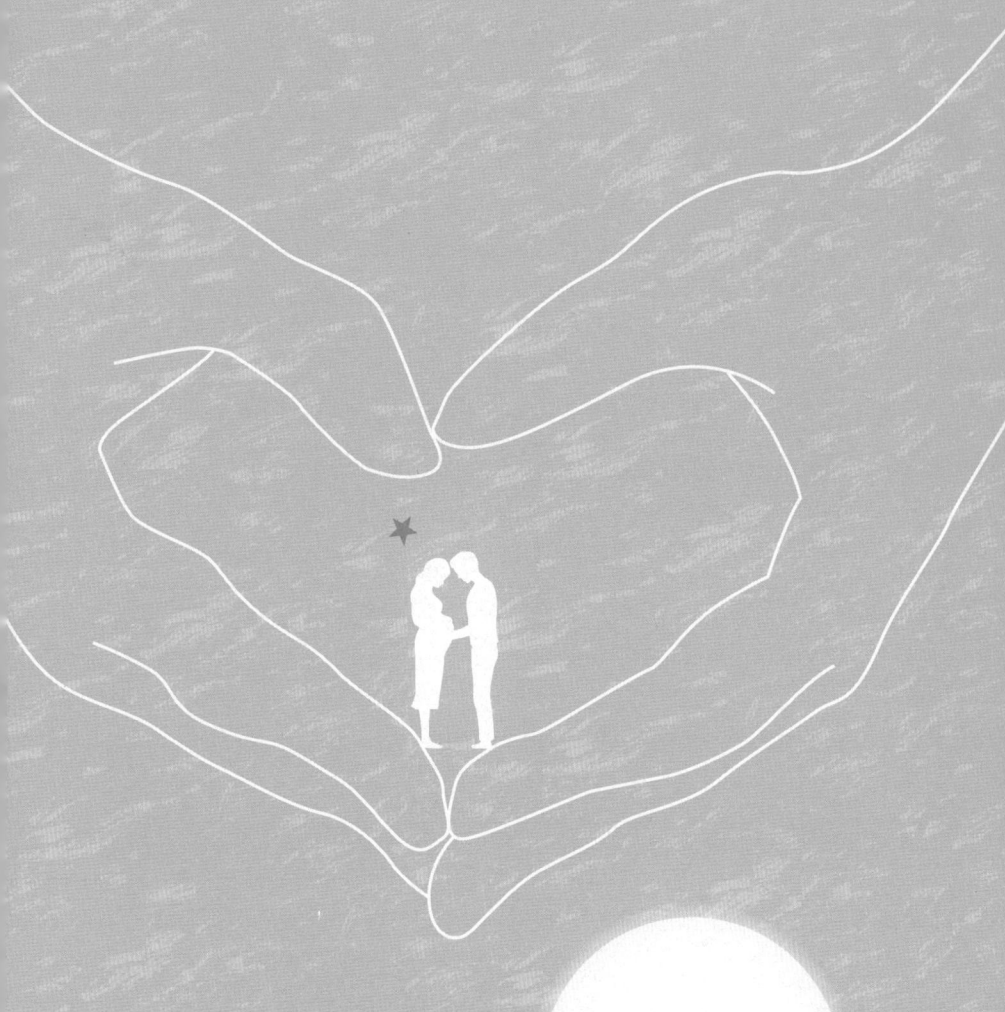

아홉 번째 달
- 아기를 환대함

> **아이를 낳게 하는 내가 나오지 못하게 막겠느냐?**
>
> — 아가야, 엄마는 너를 지킬 수 있단다

주님, 제 마음은 오만하지 않고

제 눈은 높지 않습니다.

저는 거창한 것을 따라나서지도

주제넘게 놀라운 것을 찾아 나서지도 않습니다.

오히려 저는 제 영혼을 가다듬고 가라앉혔습니다.

어미 품에 안긴 젖 뗀 아기 같습니다.

저에게 제 영혼은 젖 뗀 아기 같습니다.

이스라엘아, 주님을 고대하여라,

이제부터 영원까지.

(시편 131,1-3)

진통을 겪기 전에 해산하고 산고가 오기 전에 사내아이를 출산한다. 누가 이런 것을 들어 본 적이 있느냐? 누가 이런 일을 본 적이 있느냐? 한 나라가 단 하루 만에 탄생할 수 있느냐? 한 민족이 단 한 번만에 태어날 수 있느냐? 그러나 시온은 진통이 오자마자 자식들을 낳는다.

모태를 여는 내가 아이를 낳게 할 수 없겠느냐?

주님께서 말씀하신다.

아이를 낳게 하는 내가 나오지 못하게 막겠느냐?

너의 하느님께서 말씀하신다.

예루살렘을 사랑하는 이들아 모두 그와 함께 기뻐하고 그를 두고 즐거워하여라. 예루살렘 때문에 애도하던 이들아 모두 그와 함께 크게 기뻐하여라. 너희가 그 위로의 품에서 젖을 빨아 배부르리라. 너희가 그 영광스러운 가슴에서 젖을 먹어 흡족해지리라.

주님께서 이렇게 말씀하신다.

"보라, 내가 예루살렘에 평화를 강물처럼 끌어들이리라. 민족들의 영화를 넘쳐흐르는 시내처럼 끌어들이리라. 너희는 젖을 빨고 팔에 안겨 다니며 무릎 위에서 귀염을 받으리라. 어머니가 제 자식을 위로하듯 내가 너희를 위로하리라. 너희가 예루살렘에서 위로를 받으리라."

이를 보고 너희 마음은 기뻐하고 너희 뼈마디들은 새 풀처럼 싱싱해지리라. 그리고 주님의 종들에게는 그분의 손길이, 그분의 원수들에게는 그분의 진노가 드러나리라.

(이사 66,7-14)

"어미 품에 안긴 젖 뗀 아기 같습니다. 저에게 제 영혼은 젖 뗀 아기 같습니다."

고요하고 평온하게 어머니 품에 안긴 아기처럼, 우리도 하느님을 신뢰하며 하느님께 우리를 맡겨 드리자. 아기는 이제 막 자신의 삶을 시작했지만, 여전히 어머니와 하나인 상태다. 신생아는 자신과 어머니가 다른 존재임을 아직 모른다. 또 아기는 아직 혼자서 아무것도 하지 못한다.

그렇지만 아기에게는 능력이 아주 많다. 필요한 것이 있으면 울어서 도움을 청하고, 불편하거나 편안한 자신의 상태를 몸으로 표현할 줄 안다. 졸릴 때는 그 어떤 두려움도 없이 어머니 품에 안겨 잠이 든다. 아기가 울면 어머니는 아기를 토닥거리며 달래 준다. 아기는 이제 누군가 자신의 말을 귀 기울여 듣고 있음을 알게 된다. 생리적인 것이든, 감정적인 것이든, 자신이 바라는 모든 것을 들어 주고 응답해 주리라 믿는다.

신생아의 이 고요하고 평온한 태도는 출산을 둘러싼 부산스러운 움직임과는 대조적이다. 병원에서는 의료 장비를 갖춘 사람들이 산모와 아기 주변을 오간다. 집에서는 가족들과 친지들이 아기를 보거나 축하 선물을 전하기 위해 두 사람을 에워싼다. 물론 신생아는 충분히 환영과 관심을 받을 자격이 있다.

그러나 출산이라는 이 유일한 순간을 보호해야 한다. 이 순간을 고요하고 안정된 분위기로 만들어야 한다. 이 점을 특히 주변 사람들에게 알리는 것이 좋다. 의료진들에게도 부탁하여, 소중한 첫 순간을 보호해야 한다. 어머니와 아기에게 위급한 일이 닥치지 않는 한, 이 순간을 내면화시켜야 한다. 물론 제왕 절개 수술을 하거나 조산을 하는 등의 위급한 상황에서는 나중을 기약해야 한다.

자, 고요하고 안정된 분위기가 되었는가? 어머니와 아기 둘이서, 혹은 아버지와 함께 셋이서 '뺨을 맞대고' 아기를 환대하자. 모든 소란이 가라앉은 뒤, 아기를 바라보면서 '고요하고 평온하게' 환영하는 시간을 따로 마련하는 것이다. 이렇게 고요와 평온함 속에 머무른다면 산모와 아기를 주님의 손에 맡겨 드리기가 훨씬 쉬울 것이다.

이사야서는 아기를 돌보는 어머니의 이미지를 통해 주님이 당신의 백성을 어떻게 돌보시는지 보여 준다. 해산하자마자 아기에게 젖을 먹이고, 가슴에 품어 안고, 무릎에 앉혀 애지중지 사랑하고, 어르고 달래는 어머니의 모습을 보여 준다. 주님은 이렇게 우리를 사랑하신다.

우리가 흔히 자비로우신 아버지라고 부르는 하느님은 우리를 어머니처럼 아껴 주신다. 하느님은 관심을 갖고 당신의 자녀들을 돌보며, 어르고 달래고 품에 꼭 껴안는다. 주님이 당신 백성을 돌보시듯 우리도 아기를 돌볼 수 있다. 젖을 빠는 아기의 기쁨과 만족감을 보라. 어머니 품에 안겨 애지중지 사랑받는 아기의 평온함을 바라보라.

간혹 '아기가 응석받이가 될지 모른다.'라는 내면의 소리, 우리를 위협하는 듯한 외침이 마음속에서 울릴지 모른다. 그럴 때는 이렇게 생각해 보자. 우리

야말로 아버지의 '응석받이'가 아닌가? 하느님은 우리가 울 때마다 망설임 없이 우리를 무릎에 앉혀 어르고 달랜다. 우리는 '그분의 말씀'이라는 젖을 먹으며 자라는 젖먹이들이다. 우리도 아기와 함께 시간을 보내며 아기가 우리를 알고 믿도록 가르쳐 주자. 이 모든 것은 한 번에 되지 않는다. 가르치고 달래려면 시간이 걸린다. 부모와 아기에 따라 다르겠지만, 가르치는 일에 시간과 정성을 들여야 한다. 가르치느라 '빼앗기는' 시간을 기꺼이 받아들여야 한다.

우리 자신을 위한 시간도 따로 내야 한다. 예수님께서 우리의 가장 나약한 모습이 드러나는 바로 그곳에서 우리를 만나신다는 지난달의 묵상을 떠올려 보자. 우리는 각자 '아기를 위해 언제나 최선을 다하는 완전한 어머니상'을 갖고 있다. 그 노력이 늘 최선일 수는 없다. 하지만 이 얼마나 다행스러운 일인가! 우리를 도와주고 지원해 줄 다른 사람, 아버지를 부를 수 있으니 말이다.

완벽하거나 지혜롭지는 못해도 호의를 품은 사람들의 조언이 차고 넘칠 것이다. 그러니 자신감을 잃지 말자. 우리가 주님 안에서 스스로를 신뢰한다면, 그리고 주님이 우리에게 아기를 맡기셨다면, 우리에게 아기를 키울 능력이 있다는 뜻이다.

"이를 보고 너희 마음은 기뻐하고, 너희 뼈마디들은 새 풀처럼 싱싱해지리라. 그리고 주님의 종들에게는 그분의 손길이 드러나리라."

출산의 수고와 아홉 달 이상의 임신은 너무도 힘든 일이다. 하지만 태어난 아기를 품에 안으면 다시 태어난 것처럼 느껴지고, 사랑과 기쁨으로 충만해진다. 또 아이를 낳은 뒤 밀려오는 산후 우울증에도 이 아름다운 예언을 붙잡고 버티자. 우리 몸과 마음은 생명을 향하도록, '생명력을 회복하도록' 만들어졌다! 하느님께서 만드신 인간이라는 작품은 얼마나 신비롭고 장엄한가!

"주님께서 질문하신다. '내가 여인이 임신하도록 이끌었는데 아기가 태어나는 것을 막겠느냐?' 너의 하느님께서 말씀하신다. '출산을 준비시킨 내가 출산을 못 하게 할 리가 없지 않겠느냐!'"(이사 66,9 참조)

달이 채워지는 마지막 날까지 이 구절을 마음에 새기고 또 새기자. 그러면 다가오는 출산에 믿음을 갖게 될 것이다.

우리를 만나러 뛰어오고 있습니다

하느님과 교회의 관계를 종종 사랑하는 연인으로 비유하는 찬미가들이 있다. 우리는 그런 찬미가들을 읽고 묵상하면서 우리 인생을 완전히 변화시킬 위대한 사건을 함께 체험하고, 부부의 연대를 견고하게 다질 수 있다. 우리 가정은 점차 성장할 것이고, 각 구성원들은 자신의 자리를 되찾을 것이다. 우리 사랑은 처음보다 훨씬 강해질 것이다. 매 순간 아이를 돌봐야 하는 수고를 기꺼이 받아들이면 우리 곁에 머무는 아기의 현존이 주는 기쁨을 누리게 될 것이다. "내 연인의 소리! 보셔요, 그이가 오잖아요. 산을 뛰어오르고 언덕을 뛰어넘어 오잖아요."(아가 2,8)

'우리 태 안에서 뛰노는' 아기가 우리를 만나러 뛰어오는 연인인 듯 기다리자. 그렇게 할 때 출산할 날을 기쁜 마음으로 고대하게 될 것이다. "보셔요, 아기가 오잖아요!"

좋으신 아버지,

아버지께서는 저희 가정에 아기를 받아들이는 기쁨을 주십니다.

이 세상을 찾아오는 아기를 사려 깊게 환대하여 주소서.

존중과 사랑, 고요와 감사함으로 이 탄생을 받아들이게 하소서.

저희가 아버지의 모습을 닮아,

사랑이 넘치는 부모가 되게 하소서.

또한 저희도 아버지의 부드러운 품 안에

저희를 맡겨 드릴 줄 알게 하소서.

아멘.

아버지의 기도

주님, 저는 아기의 아버지입니다.
아기가 세상에 나오는 동안
주님께서 주신 아내를 돕게 하여 주소서.
아내에게 사랑을 온전히 바쳐 동참하게 하소서.
아내 곁에 굳건히 서 있게 하소서.

주님, 저는 아기의 아버지입니다.
아버지다운 마음으로 아기를 사랑하고,
온전히 주님께 의탁하게 하여 주소서.
아기의 얼굴을 처음으로 보는 사람이 되게 하시고,
마음으로 아기를 받아 내도록 도와주소서.
아멘.

이달에는 아기가 자라면 함께 가고 싶은 곳을 적어 보세요.

41주

아이는 선물입니다. 모든 아이는 저마다 특별하며 그 무엇으로도 대신할 수 없습니다. - 프란치스코 교황

*42주

"네 즐거움일랑 주님께 두라, 네 마음이 구하는 바를 당신이 주시리라."
(《시편과 아가》 시편 37,4)

43주

당신의 집에 사랑을 가져다주어라. 가정이야말로 우리의 사랑이 시작되는 곳이어야 하기 때문이다. - 마더 데레사

44주

"네가 나의 눈에 값지고 소중하며 내가 너를 사랑하기 때문이다."(이사 43,4)

묵상글

예수님의 성탄 소식을 전한 천사가

당신과 당신 아기가 가는 길마다

동행하기를 바랍니다.

당신과 아기에게 가장 필요한 것이 무엇인지도

천사가 바로 알기를 바랍니다.

그리하여 우리가 떠올리기보다 먼저 천사가

당신과 아기에게 필요한 바를 준비해 주기를 바랍니다.

그렇게 당신과 당신의 아기가 보호받고 있음을

언제나 떠올릴 수 있기를 바랍니다.

아기가 튼튼해지고 지혜는 충만해졌으며
- 찬미와 축복의 기도로 너를 받아들이며

여드레가 차서 아기에게 할례를 베풀게 되자 그 이름을 예수라고 하였다. 그것은 아기가 잉태되기 전에 천사가 일러 준 이름이었다. 모세의 율법에 따라 정결례를 거행할 날이 되자, 그들은 아기를 예루살렘으로 데리고 올라가 주님께 바쳤다.

주님의 율법에 "태를 열고 나온 사내아이는 모두 주님께 봉헌해야 한다."고 기록된 대로 한 것이다. 그들은 또한 주님의 율법에서 "산비둘기 한 쌍이나 어린 집비둘기 두 마리를" 바치라고 명령한 대로 제물을 바쳤다.

그런데 예루살렘에 시메온이라는 사람이 있었다. 이 사람은 의롭고 독실하며 이스라엘이 위로받을 때를 기다리는 이였는데, 성령께서 그 위에 머물러 계셨다. 성령께서는 그에게 주님의 그리스도를 뵙기 전에는 죽지 않으리라고 알려 주셨다.

그가 성령에 이끌려 성전으로 들어갔다. 그리고 아기에 관한 율법의 관례를 준수하려고 부모가 아기 예수님을 데리고 들어오자, 그는 아기를 두 팔에 받아 안고 이렇게 하느님을 찬미하였다.

"주님, 이제야 말씀하신 대로 당신 종을 평화로이 떠나게 해 주셨습니다. 제 눈이 당신의 구원을 본 것입니다. 이는 당신께서 모든 민족들 앞에서 마련하신 것으로 다른 민족들에게는 계시의 빛이며 당신 백성 이스라엘에게는 영광입니다."

아기의 아버지와 어머니는 아기를 두고 하는 이 말에 놀라워하였다. 시메온은 그들을 축복하고 나서 아기 어머니 마리아에게 말하였다.

"보십시오, 이 아기는 이스라엘에서 많은 사람을 쓰러지게도 하고 일어나게도 하며, 또 반대를 받는 표징이 되도록 정해졌습니다. 그리하여 당신의 영혼이 칼에 꿰찔리는 가운데, 많은 사람의 마음속 생각이 드러날 것입니다."

한나라는 예언자도 있었는데, 프누엘의 딸로서 아세르 지파 출신이었다. 나이가 매우 많은 이 여자는 혼인하여 남편과 일곱 해를 살고서는, 여든네 살이 되도록 과부로 지냈다. 그리고 성전을 떠나는 일 없이 단식하고 기도하며 밤낮으로 하느님을 섬겼다. 그런데 이 한나도 같은 때에 나아와 하느님께 감사드리며, 예루살렘의 속량을 기다리는 모든 이에게 그 아기에 대하여 이야기하였다.

주님의 법에 따라 모든 일을 마치고 나서, 그들은 갈릴래아에 있는 고향 나자렛으로 돌아갔다. 아기는 자라면서 튼튼해지고 지혜가 충만해졌으며, 하느님의 총애를 받았다.

(루카 2,21-40)

히브리에서는 아기가 탄생한 지 여드레째 되는 날 할례를 받고, 아버지는 아기에게 이름을 지어 주는 전통이 있다. 출산 40일째 되는 날에는 산모를 정화시키는 정결례를 행한다. 이때 부모는 축복해 주십사 하고 아기를 하느님께 봉헌한다.

유다인들은 이 규정을 의무적으로 지켰지만, 오늘날 그리스도교에서는 이 규정을 적용하지 않는다. 아기가 태어난 뒤 빠른 시일 내에 세례를 주거나, 혹은 어느 정도 자란 뒤에 아이가 직접 세례를 준비하는 것을 선호한다.

아기 예수님 봉헌 예식은 무엇을 의미할까? 아기가 태어나면 부모와 공동체 앞에서 아기를 하느님께 봉헌하는 유다 관습에는 아주 아름다운 의미가 담겨 있다. 성령의 인도를 받은 시메온과 한나는 아기에 관해 예언하고 아기와 어머니와 아버지를 축복한다.

마리아와 즈카르야의 찬미가를 떠올리면서 아기를 위해 주님께 드리는 기도문과 아기의 탄생을 감사하는 찬미의 노래를 만들어 보라고 했던 말을 기억하는가? 망설이지 말고 아기가 태어난 지금 만들어 보자. 우리를 찾아온 아기가 존재함에 하느님을 찬양하자. 아기를 환대하는 최고의 의미 있는 선물이 될 것이다.

의미 있는 '여드레째 날에' 아기가 신앙 안에서 성장하도록 도와줄 대부모나 다른 지인들이 모여 찬미 노래를 부르며 아기를 하느님께 봉헌하는 것도 좋을 것이다. 형제자매들이 함께하는 것도 좋다.

이 기도는 하느님의 무한한 선을 바라보게 한다. 하느님께서는 우리에게 맡기신 이 아기의 인격을 완성시키실 것이며 우리의 비천함도 채워 주실 것이다. 이 순간을 거창한 가족 잔치로 만들 필요는 없다. 여드레째 되는 날, 새로운 경험에 익숙하지 않은 피곤한 부모에게 필요한 것은 휴식이다. 그러니 우리 아기를 주님께 봉헌하는 간단한 기도로도 충분하다. 그렇게 우리에게 새로운 생명을 선물해 주신 주님을 찬양하자.

아직 대부나 대모를 찾지 못했다면, 아기가 하느님 안에서 자라나도록 도와줄 사람을 찾아 주십사 하고 기도하자. 대부모를 찾았다면 예수님과 그분의 부모에게 모범을 제시하고 말씀을 전해 준 한나와 시메온을 기억하며 그들의 말을 귀담아듣자. 그들의 말은 부모인 우리와 아기의 일생에 버팀목이 되어 줄 것이다. '시메온은 그들을 축복'하였다고 한다. 그는 부모의 품에 안긴 예수님뿐 아니라, 마리아와 요셉도 축복하였다. 부모 역시 아기의 양육이 부모만의 책임이 아니라는 점을 알고, 격려와 축복의 말들을 새겨듣는 것이 좋다.

시메온은 성령의 인도를 받았다고 했다. 그가 성전에 찾아가 새로 태어난 아기에게 눈길을 주고, 축복의 말과 예언을 하도록 이끄신 분은 성령이시다. 시메온은 구세주를 보기 전에는 죽지 않으리라는 하느님의 약속을 믿었다.

"아기의 아버지와 어머니는 아기를 두고 하는 이 말에 놀라워하였다."(루카 2,33) 마리아와 요셉은 시메온의 말을 바로 이해하지 못했다. 하지만 그들에게 선포된 이 말을 계속 생각하며 나중에는 이해할 것이다. 그러니 우리도 우리가 듣게 될 말들을 단순한 마음과 믿음으로 받아들이자. 마리아처럼 그 말들을 보물처럼 마음에 간직하자.

유다인들에게는 잠자리에서 일어날 때, 누울 때, 식사 중에, 일할 때, 손을 씻을 때 등 하루 중에 일어나는 모든 행동을 통해 축복의 기도가 이루어지기를 바라는 전통이 있다. 어떤 랍비는 한 사람이 하루 백 번 축복의 말을 해야 한다고 말했다.

우리도 아기를 위해 하느님의 축복을 청하자. 우리가 혼자가 아니라는 것을 기억하며 하느님의 말씀을 품고 걸어가자. 우리가 찬미와 축복의 기도로 아기를 받아들이면 아기는 우리 마음 안에서, 또한 하느님 안에서 독보적인 자리를 차지할 것이다.

찬미의 노래를 부르고 싶은 마음

아들 요한이 태어난 후 성령으로 가득 차 예언한 즈카르야의 노래(루카 1,67-79 참조)를 마음에 새겨 보자. 매일 아침 성무일도에서 되풀이되는 즈카르야의 노래는 새로 태어난 아기를 위해 하느님께 찬미의 노래를 부르고 싶은 마음을 불러일으킬 것이며, 우리에게 주신 하느님의 선물에 감사드리는 우리만의 기도를 드릴 수 있도록 도와줄 것이다.

주님,
온 존재로 영원하신 주님을 찬미합니다.
새로운 생명이라는 고귀한 선물을 주셔서 감사드립니다.
주님의 거룩한 이름 찬미받으소서.
주님의 축복이 이 아기 위에 머무르게 하시고
아기의 영을 지혜와 사랑과 자비로 채워 주시어
아기가 한평생 주님을 받들게 하여 주소서.

주님,
아기가 자신을 향한 주님의 커다란 사랑을 늘 알게 하소서.
이 작은 아기의 믿음과 내어 맡김을 통해
찬미받으소서.
주님의 거룩한 천사들과 모든 이들이 함께
주님을 찬미하게 하소서.
주님은 참으로 위대하고 놀라운 일을 하셨습니다.
아멘.

45주

"그분께서는 당신을 받아들이는 이들, 당신의 이름을 믿는 모든 이에게 하느님의 자녀가 되는 권한을 주셨다." (요한 1,12)

*46주

"네가 물 한가운데를 지난다 해도 나 너와 함께 있고 강을 지난다 해도 너를 덮치지 않게 하리라."(이사 43,2)

47주

"어떠한 길을 걷든 그분을 알아 모셔라. 그분께서 네 앞길을 곧게 해 주시리라."
(잠언 3,6)

48주

"복되어라, 거룩히 기뻐할 줄 아는 백성은, 주여 당신 얼굴의 빛 속에 걸으리다."
(《시편과 아가》 시편 89,16)

묵상 글

아이들은 엄마 아빠가 서로 어떻게 행동하는지를 봅니다.
그들은 부모가 서로는 물론 남들을 어떻게 돌보는지,
아울러 하느님과 교회를 어떻게 사랑하는지를
다 보고 있습니다.
그리고 그렇게 자녀들은
그들이 물려받은 신앙에 합당한 방식으로
이해하고 판단하며 행동하는 법을 배웁니다.

– 프란치스코 교황

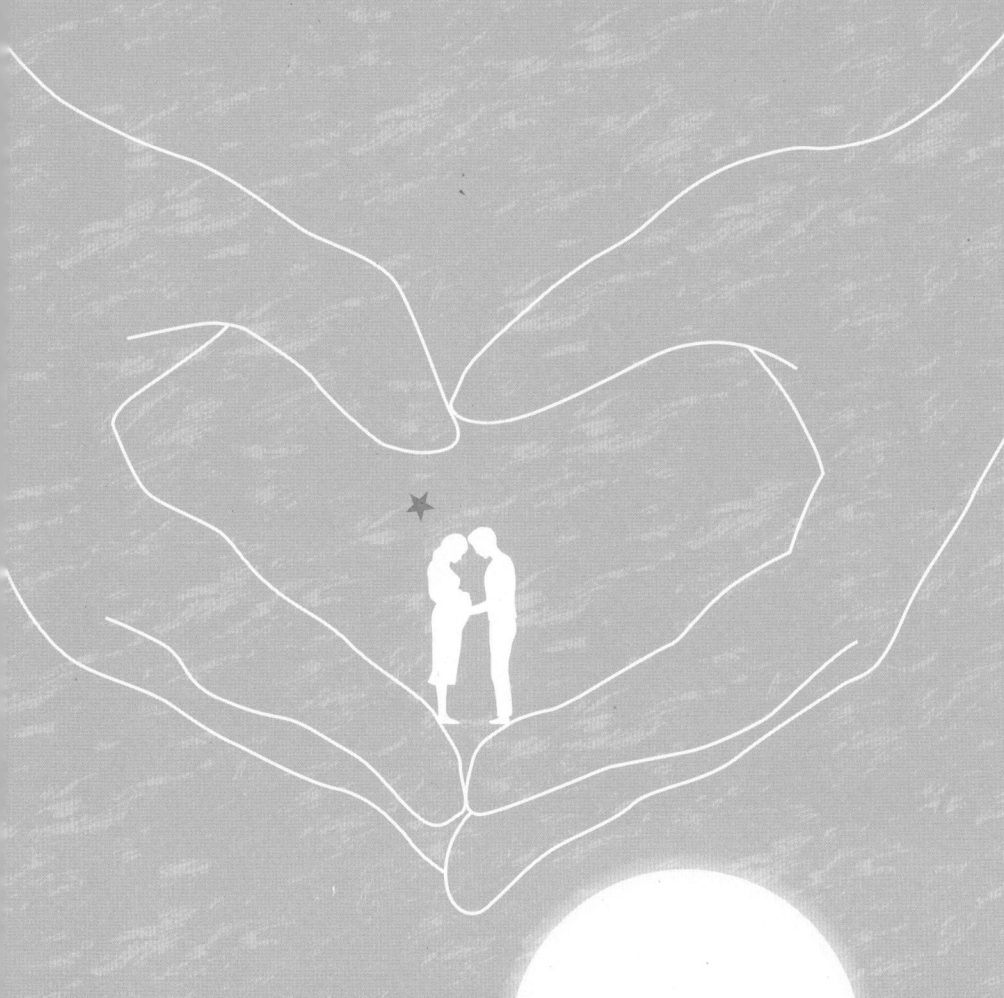

말씀의 선포
- 여성과 어머니의 역할

말씀을 간직하고 수호하는 마음으로
— 매일매일 너에게 들려줄게

마리아는 무덤 밖에 서서 울고 있었다. 그렇게 울면서 무덤 쪽으로 몸을 굽혀 들여다보니 하얀 옷을 입은 두 천사가 앉아 있었다. 한 천사는 예수님의 시신이 놓였던 자리 머리맡에, 다른 천사는 발치에 있었다.

그들이 마리아에게 "여인아, 왜 우느냐?" 하고 묻자, 마리아가 그들에게 대답하였다.

"누가 저의 주님을 꺼내 갔습니다. 어디에 모셨는지 모르겠습니다."

이렇게 말하고 나서 뒤로 돌아선 마리아는 예수님께서 서 계신 것을 보았다. 그러나 예수님이신 줄은 몰랐다. 예수님께서 마리아에게 "여인아, 왜 우느냐? 누구를 찾느냐?" 하고 물으셨다.

마리아는 그분을 정원지기로 생각하고, "선생님, 선생님께서 그분을 옮겨 가셨으면 어디에 모셨는지 저에게 말씀해 주십시오. 제가 모셔 가겠습니다." 하고 말하였다.

예수님께서 "마리아야!" 하고 부르셨다.

마리아는 돌아서서 히브리 말로 "라뿌니!" 하고 불렀다. 이는 '스승님!'이라는 뜻이다.

예수님께서 마리아에게 말씀하셨다.

"내가 아직 아버지께 올라가지 않았으니 나를 더 이상 붙들지 마라. 내 형제들에게 가서, '나는 내 아버지시며 너희의 아버지신 분, 내 하느님이시며 너희의 하느님이신 분께 올라간다.' 하고 전하여라."

마리아 막달레나는 제자들에게 가서 "제가 주님을 뵈었습니다." 하면서, 예수님께서 자기에게 하신 이 말씀을 전하였다.

(요한 20,11-18)

요한 복음서의 이 대목을 보면, 마리아 막달레나는 예수님 부활의 첫 번째 증인이다. 그녀는 이른 아침, 아직 어두울 때에 예수님의 무덤을 찾아왔다. 그리고 울었다. 잠시 멈추어 마리아의 눈물을 묵상하자.

이 여인은 얼마나 큰 상심에 빠졌을까? 마리아는 눈물이 흐르도록 내버려 두며, 자신의 고통스러운 심정을 억누르지 않고 그대로 표출했다. 그러자 예수님께서 그녀 앞에 나타나신다. 그녀는 예수님께서 '마리아'라는 자신의 이름을 불러 주기 전까지 그분을 알아보지 못하였다. 마리아는 자신의 이름을 듣고서야 '돌아섰다'. 그녀의 마음이 움직인 것이다. 조금 전만 해도 알아보지 못하던 자신의 구세주를 알아본다. 그러자 예수님께서는 마리아에게 무슨 일이 일어났는지 아직 모르는 제자들에게 당신의 부활을 알리라고 명하신다.

"내 형제들에게 가서, '나는 내 아버지시며 너희의 아버지신 분, 내 하느님이시며 너희의 하느님이신 분께 올라간다.' 하고 전하여라."(요한 20,17)

마리아는 이 기쁜 소식을 전하러 달려갔다.

이 여인은 아무런 희망도 없는 곳에 희망을 전하는 사명을 받았다. 사흘 전부터 어둠에 빠져 있는 제자들에게 빛을 전하는 사명이었다. 이렇듯 모든 여성은 예수님의 부활 증인이 되어, 부활을 선포하도록 초대되었다. 그 첫 번째 대상은 우리 가족이다. 특히 우리 자녀들이다.

많은 자녀들이 예수님에 관해 온유하게 말해 준 어머니의 모습을 기억한다. 어머니의 그런 모습은 자녀들의 신앙생활에 결정적인 역할을 한다. 프랑스의 인류학자이자 신부인 마르셀 주스Marcel Jousse는 글을 모르는 어머니가 자신을 재울 때 성경 구절을 외워서 노래하던 모습이 생생히 기억난다고 했다. 그는 하느님 말씀을 들으며 잠들었고 양육되었다. 우리도 우리 자녀들에게 주님의 말씀을 노래와 기도로 들려주자. 비록 지금 막 태어난 생명이라도 망설이지 말고 아기에게 기쁜 소식을 전하자. 어머니의 마음으로 주님에 관한 노래와 이야기를 아기에게 들려주자.

어떤 이들은 '어머니의 기도' 모임을 갖기도 한다. 정기적으로 모여 기도하며 자녀들을 지원하고 자신들도 서로 의지한다. 국제적으로 발전한 어떤 모임은 이런 구호 아래서 움직인다.

"당신의 자녀를 위해 기도하십시오."

어머니들의 단순한 마음에서 시작된 그 기도는 많은 기적을 낳았다. 자비로운 마음을 지니신 하느님도 어머니들의 기도에 귀를 기울이신다. 그러니 함께 모여 자녀들을 위해 기도하자. 이렇게 솔선수범해서 하는 기도는 은혜의 원천이 된다. 또한 모든 것은 하느님의 두 손에 달려 있으며, 모든 자녀는 우리 자녀이기 이전에 하느님 자녀라는 점을 명심하게 된다.

어머니는 아기에게 '축복의 말'을 들려줌으로써 중요한 역할을 할 수 있다. 어떤 부모는 성경의 특정 구절을 암기하면서, 아기의 배내옷에 새겨 주기도 한다. 어떤 부모는 아기에게 선물로 남기고자 육아 수첩에 성경 구절을 기록하기도 한다. 아기가 성장하는 동안 모든 방법으로 아기를 축복하자. 그들이 하느님의 사랑을 받고 있다고 말하고 또 말해 주자.

축복bénédiction이라는 단어는 라틴어 'benedicere'에서 유래했으며, 칭찬한다는 의미다. 우리는 우리 아기를 칭찬하라는 소명을 받았다. 그러니 입에서 나오는 말을 주의하고 조심해야 한다. 말 한마디가 칼보다 더 큰 상처를 줄 수 있기 때문이다. 그러므로 시편 저자처럼 기도하자. "주님, 제 입에 파수꾼을 세우시고 제 입술의 문을 지켜 주소서."(시편 141,3)

물론 아버지도 마찬가지다. 말씀은 부모 모두에게 전해지기 때문이다. 아버지도 말씀을 전하는 일에 동참해야 한다. 보통 아버지는 율법이나 규정 등 외적 영역에 대한 말씀을, 어머니는 영성과 내면 등 내적 영역에 대한 말씀을 전한다. 어둠 속에서 희망을 다시 밝혀 주는 사람은 어머니다. 어머니가 전의를 상실하면 모든 것이 무너질 수 있다. 마음에 말씀을 간직한 예수님의 어머니, 마리아를 떠올리자. 여성은 마리아처럼 말씀을 간직하고 수호하는 역할을 해야 한다. 또한 존재를 환대하고 무엇이든 내어 주기에 아기들에게 '하느님을 전하는' 사명에 적합하다.

마리아는 울었다. 예수님은 우리의 고통에 무감각한 분이 아니다. 오히려 반대다. 그분은 우리의 고통을 짊어지신다. 우리는 피정을 하거나 혹은 영적 지도자의 도움을 받아 자신의 상처를 스스로 재해석해야 한다. 영적 지도자는 성령께서 우리 삶에서 어떻게 활동하시는지 볼 수 있도록 도와줄 것이다. 말씀의 여정에서 한 걸음 한 걸음 나아가면서 예수님께 더 가까이 다가가도록 인도해 줄 것이다. 우리의 여성성을 하느님의 선물로 받아들여 살아가게 해 주십사 하고 주님께 청하자. 생명과 희망의 선포자인 모성을 감사히 받아들이게 해 주십사 하고 간절히 청하여 보자.

희망하던 그 이상으로 넘치는 은혜를 받았다

한나가 주님에게서 받은 소중한 선물인 사무엘을 주님께 온전히 되돌려 드리는 부분을 읽으면서 우리의 묵상을 마무리하자(1사무 1,21-28 참조). 사무엘이 어찌 되었는지 주목하자. "사무엘이 자라는 동안 주님께서 그와 함께 계시어, 그가 한 말은 한 마디도 땅에 떨어지지 않게 하셨다."(1사무 3,19) 사무엘의 어머니는 어찌 되었는가? "주님께서 한나를 돌보시니 한나가 임신하여 아들 셋과 딸 둘을 더 낳았다. 어린 사무엘도 주님 앞에서 자라났다."(1사무 2,21)

한나는 그녀가 바라던 그 이상으로 넘치는 은혜를 받았다.

주님,
당신은 무덤 앞을 서성이던 마리아에게 주님의 모습을 드러내셨고,
그녀의 이름을 부르셨으며,
부활의 기쁜 소식을 제자들에게 전하는 사명을 맡기셨습니다.

저희도 사랑과 온유함으로
자녀들에게 주님의 말씀을 전하게 하소서.
저희 영에 축복의 말을 불어넣어 주소서.
아기를 어르고 달래면서 아기에게 주님에 관해 말하게 하소서.
아기를 통해 당신 사업을 완성하소서.

주님,
끈기를 가지고 기도할 수 있게 하여 주소서.
망가지고 상처투성이인 저희를 치유하여 주시어,
주님의 어머니 마리아처럼 부활의 기쁨을 누리게 하소서.
또한 여성으로서, 아내로서, 어머니로서
주님께 받은 소명의 아름다움을 깨닫게 하여 주소서.
아멘.

아기를 낳은 뒤, 나를 위해 꼭 해야 할 10가지

1. 나 자신에게 부드럽게 대하기
2. 자비심을 갖고 스스로를 용서하기
3. 아기를 나의 자녀이기 이전에 주님의 자녀라고 생각하기
4. 명랑하고 기쁘게 생활하기
5. 매 순간 내게 닥친 현실을 받아들이는 은총 구하기
6. 하루에 한 번씩 배우자에게 사랑한다고 말하고 행동하기
7. 뺨을 비비고, 끌어안으면서 아기와 친해지기
8. 너무 한 가지 일에만 몰두해 집착이 생기지 않도록 하기
9. 선의로 나를 도우려는 주변 사람들의 마음을 고맙게 받기
10. 성경 말씀 기억하기

"주님의 천사가 다시 그를 흔들면서, '일어나 먹어라.' 하고 말하였다." (1열왕 19,7 참조)

★ 저자 · 엘린 랑동

기혼. 세 자녀의 어머니이자 초등학교 교사.
가정 안에서 부모와 자녀 간의 유대감을 강화하는 '1001 행복' 모임을 주도하고 있다.

★ 역자 · 이순희

성균관대학교 불어불문학과 졸업. 2013년 제17회 한국가톨릭학술상 번역상 수상.
《앙트완느 슈브리에 제자와 사도의 길》, 《신학 방법》, 《감탄과 가난》,
그 외 다수의 번역서가 있다.